JN411640

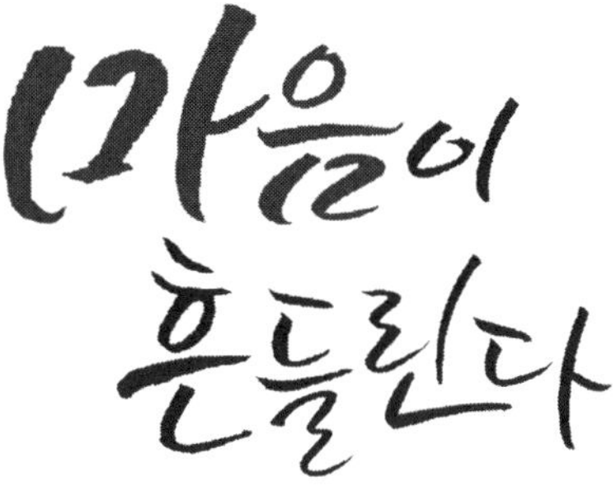

김남식 수필집

국립중앙도서관 출판예정도서목록(CIP)

마음이 흔들린다 : 무영(無影) 김남식(金男植) 수필집 제6호
/ 지은이: 김남식. -- 대전 : 오늘의문학사, 2018
p. ; cm

ISBN 978-89-5669-950-9 03810 : ₩10000

한국 현대 수필[韓國現代隨筆]

814.7-KDC6
895.745-DDC23 CIP2018031836

마음이 흔들린다

『 **프롤로그** 』

왜 이리 마음이 흔들리는지 모르겠다. 손가락을 가시에 찔리기라도 하면 심란하다. 이산 저산 오르내리니 무릎이 아프고 발바닥이 부르터서 걱정이다. 속이 상한데도 억지로 먹으니까 뱃속이 부글거린다. 손자가 감기에라도 걸리면 안쓰럽다. 자식이 잘못 된다 싶으면 애를 태운다. 험담했다는 말만 들어도 주먹이 부르르 떨린다. 대놓고 속을 긁어대면 화가 부글부글 끓어오른다. 억울한 일을 당하면 땅을 치며 울부짖기도 한다. 금방 무슨 일이라도 저지를 듯이 이리 달리고 저리 뛴다. 열을 올리고 삿대질하며 아우성치는 소리가 귀에 따갑다.

세상이 하도 험하게 돌아가서 머리가 띵하고 멍멍하다. 각박한 세상을 살다보니 가슴이 답답해서 금방 어떻게 될 것만 같다. 하도 심란해서 안절부절못한다. 급기야는 숨이 막혀 금방 쓰러질 지경에 이른다. 잠을 이루지 못하고 돌이킬 수 없는 지경에 빠진다. 호흡을 가다듬고 천천히 흘려 보내면 저절로 해결될 텐데도 그런다. 걱정하고 미워하며 시기하고 가슴 아파하는 게 인생인가보다.

때로는 마음을 기쁘게 흔들어 주는 이들이 있어서 살맛난다. 여유롭고 가치 있게 행동하는 이들과 가슴을 맞대니 따스하다. 주위를 돌아보고 깨우치면 평안해진다. 흔쾌히 내어주고 감사하게 받아들이는 이들이 존경스럽다. 즐겁게 배우고 열심히 가르쳐서 보람을 느끼는 모습도 부럽다. 부딪힐 땐 힘들지만 다정하게 어울리면 신이난다. 온

전한 믿음으로 영혼을 맑게 하는 사람들이 아름답다. 이렇게 마음을 훈훈하게 흔들어 주는 사람들이 곁에 있어서 행복하다.

'가장 중요한 시간은 지금이고, 가장 중요한 사람은 지금 만나는 사람이다. 가장 중요한 일은 지금 옆에 있는 사람에게 선한 일을 행하는 것' 이라 했다. 마음을 흔드는 체험을 통하여 새로운 것을 만들어 냈으면 좋겠다. 거기에서 느낀 감동으로 자신과 이웃을 밝은 쪽으로 이끌어 주어야 한다. 이러한 삶의 가치를 실현하는 일은 무엇보다 중요하다고 생각한다.

이를 실천하는 이들과 함께 하면서 참다운 진실을 발견하게 되었다. 거기에서 깨우친 것들을 글로 담아내고 싶었다. 나름대로는 수필문학의 속성이자 추구하고자 하는 지향점이라고 생각했기 때문이다. 아무나 할 수 있는 일은 아니지만 마음을 가다듬고 열심히 달려왔다. 해내지 못할 일을 이루어내며 견디지 못할 슬픔을 견뎌 낸 분들의 행적을 교훈 삼았다.

서로가 보듬어주는 아름다운 이야기들을 마음껏 담아내지 못한 아쉬움이 남는다. 독자들의 마음을 무더위에 산들바람처럼 흔들어 드렸으면 하는 바람이다.

[차 례]

2
chapter

내어주고 받아보며 

3
chapter

배우고 가르쳐서

4
chapter

부딪히고 어울리어

5
chapter

믿으면 맑아지리

1부

느끼면서 깨우치고

사과나무 밑에 누워 만유인력을 발견한 뉴턴을 보라.
목욕탕에 몸을 담그고 큰 꿈을 꾼 아르키메데스를 보라.
느릿한 일상에서 원하는 것을 이울 수 있다면 얼마나 보람된가.
차분하게 마음을 가다듬고 느림의 미학을 노래하자.

마음이 흔들린다

고향의 소리

고향의 소리가 들린다. 갖가지 추억들이 구름 같이 몰려오고 반가운 음성이 파도처럼 밀려온다. 늘 푸른 소나무에 매달린 솔방울들은 온갖 수다 다 떨고, 산골짜기를 기어내리는 도랑물은 청승맞게도 철철 댄다. 날밤을 새우며 속삭이는 멧새들은 촌색시처럼 수줍은데, 나뭇가지를 타고 앉아 손 비비는 다람쥐는 무슨 소원을 빌고 있나. 뽕나무 위에서 사각대는 누에들은 무척이나 흐뭇하겠고, 땅굴 파는 개미소리는 부지런하게 들려온다. 울려오는 소리마다 예나 지금이나 다름이 없음은 어쩐 연유일까?

가만히 귀 기울여 보자. 허튼 생각은 말끔히 씻어 버리고 온전히 집중해야 똑바로 들을 수 있다. 산소리를 들으려면 바람의 방향을 따라 쫓아 가 보아야 한다. 물소리를 읽으려면 여울 속을 구석구석 뒤지면 된다. 불어오는 바람은 세월의 높낮이를 말해주고 흘러가는 냇물은 삶의 방향을 가리킨다. 거친 물결 속에서 뼈아픈 고독을 슬기롭게 비켜가는 숨결을 들어보자. 꼬꼬댁 울어대는 수탉은 누구를 찾는가, 허허하게 짖어대는 강아지는 무슨 말을 하고 싶은 것인가? 조용히 듣고 있노라면 따사로운 고향의 정을 마음껏 마실 수 있으리라.

고향의 소리에는 갖가지 추억이 서려 있다. 유유히 흐르는 강물과 노니는 물고기들의 귓속말은 자연의 꾸짖음이다. 거친 파도와 벽력같은 천둥소리는 하늘의 계시일 수도 있다. 나를 일깨우려는 뜻에서 비롯되었다는 생각이 잔잔한 감동을 자아낸다. 어제나 오늘이나 산은 산이고 물은 물이다. 바다는 바다이고 하늘은 하늘이다. 그들이 들려주는 소리는 여전하고 알려주려는 뜻 또한 달라진 게 없다.

고향 노래를 부르다보니 가슴이 벌렁거리고 눈시울이 젖어 온다.

"나의 살던 고향은 꽃피는 산골 복숭아꽃 살구꽃 아기진달래…"

"내 고향 남쪽바다 그 파란 물-을 눈에 보이네. 꿈엔들 잊으리오.… "

아버지가 아들을, 어머니가 딸을 부르는 소리도 온기가 서려있다.

"얘야! 그만 놀고 어서 와서 밥 먹어라. 논두렁 깎으러 가야지. 어서!"

"얘야! 어서 빨리 학교 가거라. 밭에 나가 김매야 한다."

나의 고향소리는 특별히 애틋함이 묻어있다. 오두막집에서 단 세 식구만 살아 온 어린 시절은 외로운 신음소리가 온 집안에 가득했다. 왁자지껄 앞 뒷집에서 떠들어댈 때마다 부러워서 원망하는 마음을 담아 다그치듯 쏟아 부었다.

"우리는 왜 세 식구뿐이어요. 아버지 얼굴은 어째서 안 보여요?"

차마 대답을 못하고 눈물만 훔치시던 어머니와 덩달아 울던 누나는 지금까지 나를 슬프게 한다.

누나가 시집가면서 내 볼의 눈물을 닦아주며 애절하게 당부했다.

"동생아! 엄마랑 단 둘이서 어떡해. 속 썩혀 드리면 안 돼, 알았지?"

잡은 손길은 따스한데 떠나는 뒷모습은 왜 그리 멀어만 가던지….

만날 때마다 당시의 장면이 떠올라 서글프다. 지금은 팔십을 훌쩍 넘겨서 몸도 제대로 추스르지 못한다. 그런데도 나보고 몸을 잘 챙기라는 걱정이 가슴을 후빈다.

일곱 가구뿐인 동네 사람들이 정겹게 들려주던 소리가 아련하다. 나보다 한 살 위인 뒷집 형은 먼저 저 세상으로 떠났다. 자치기놀이에 끼워주며 살갑게 대해 주더니…. 한 살 아래 앞집 동생은 지금도 고향을 지킨다. 나이가 많이 들었는데도 만날 때마다 응석을 부린다.

"형아, 나 이거 못 하겠어. 도와줘."

동네 어른들도 머리를 쓰다듬어 주었다.

"애야, 어서 커라. 네 어머니가 너무 불쌍하다."

내가 퍽 측은해 보였으리라.

고향의 소리를 들으면 많은 것을 깨우치게 된다. 하늘나라로 떠나신 어른들의 말씀이 듣고 싶어 산소에 오른다. 생전에 보여주시던 모습이 다가온다. 꼬부랑 할머니께서는 막내아들인 나의 아버지를 특별히 사랑하셨다. 눈에 넣어도 아프지 않을 자식이 갑자기 자취를 감추는 바람에 가슴이 시커멓게도 탔겠다. 그렇게 집을 떠난 뒤로는 몇 십 년이 되도록 돌아오지 않는 아들 걱정에 노심초사하셨다. 툇마루에 쪼그리고 앉아 줄곧 담배 연기만 뿜어내시던 애절함은 지금도 낡은 문살마다 가득히 배어있다. 한을 풀어내듯이 부르시던 가락마다 눈물이 고여 있다.

"미워도 한 세상 좋아도 한 세상, 마음을 달래면서 웃으며 살리라…."

얼마나 마음이 흔들렸을까? 내 마음도 흔들린다.

큰아버지는 나에게 각별히 엄중했다. 걸음이 삐뚤어지거나 말 한마디 잘못하면 가차 없이 불호령을 내렸다. '애비 없는 호래자식' 소리를 듣지 않게 하려는 의도였으리라. 멋도 모르고 옴짝달싹 못하면서 멀리 떠나가 버린 아버지를 미워하고 원망했다. 큰댁에 들를 때마다 형수가 건네주던 누룽지에는 애틋한 사랑이 묻혀 있었다. 맛깔스런 빈대떡을 입에 가득 넣어주며 포근하게 껴안아주던 큰 어머니는 어디에 계시려나.

멀고 먼 지난날들이 새록새록 몰려온다. 여든넷까지 장수하신 증조할아버지 음성도 들려온다. 홀어머니 밑에서 거미새끼같이 살아가는 우리를 걱정하셨나보다. 머슴을 시켜 보리쌀과 콩 자루를 가지고 와서 어두운 표정을 지었다. 아무 말씀도 안 하시고 머리만 쓰다듬어 준 심정을 이제야 조금은 알 것 같다. 이런 고향의 울림들이 오늘의 나를 만들었으니 소중하게 간직하고 틈틈이 꺼내보며 거울삼아 살아가련다.

돌돌돌 흐르는 시냇물에 손을 담근다. 두 팔을 벌려 시린 물을 뿌려대며 큰 소리를 질러본다.

"산과 강아, 들과 하늘아! 너희들 덕분에 고향의 소리를 듣는다."

"그리운 앞집 형아야, 뒷집 아우야! 모두 다 어디 갔니?"

"사랑하는 누나야, 그리운 엄마야! 너무나 보고 싶다!"

두 귀를 곧추세우고 고향의 소리를 듣자니 자꾸만 마음이 흔들린다.

마음이 흔들린다

3백여 명에 가까운 수강자들 앞에 선다. 평생을 교단에 서 오다시피 했지만 여전히 긴장된다. 목에 힘을 주어가며 시작한다.

"부부와 가족과 이웃을 원 없이 사랑하며 살아야 아름답게 세상을 떠날 수 있습니다."

유머를 섞는다.

"20대는 아내에게 뽀뽀를 해주며, 사랑한다는 말을 하루에 20번 이상을 해줘야 반찬이 잘 올라옵니다. 30대는 껴안아주며 10번을 해야 밥을 제대로 먹을 수 있습니다. 40대는 손을 잡고 5번 이상을 해야만 꾸중을 듣지 않습니다. 50대는 단 한번만이라도 그래야 각방 신세를 면합니다."

"60대는 아내가 화장할 때 가만히 있어야지, 어디 가느냐고 묻기만 하면 집 밖으로 밀려납니다. 70대는 곰국을 끓일 경우 참견하면 아예 멀리 쫓겨나 버립니다. 80대는 아침이 되었다 해도 허락을 하면 눈을 떠야지 마음대로 하면…, 90대는 산에 가 누워있어야지 그냥 집에 있으면…." 깔깔대며 모두들 배꼽을 잡는다.

맨 앞줄 중앙에 앉아있는 어르신이 갑자기 무언가 중얼거린다. 강의를 잠시 중단을 하고 연유를 물으니 볼멘소리를 한다.

"왜 이렇게, 남의 마음을 흔들어 놔! 나는 어떡하라고…."

일그러진 얼굴에 눈시울이 촉촉이 젖어있다.

마치고 다가가서 악수를 청하고 껴안으니 당신도 팔에 힘을 준다. 온기가 넘쳐나고 숨소리가 일렁인다. 가슴이 두근거리는 것을 보니 어르신이 내 마음을 흔드는가 보다.

"사랑합니다."

두 손으로 하트 표시를 하니 당신도 그런다.

두 여자가 옆에서 양손을 잡는다.

"강사님은 전보다 훨씬 젊어 보여요. 하시는 말씀을 들으니 마음도 그러신가 봐요."

"맞아요. 참 재미있어요. 내 처지를 꼭 집어 주는 것 같아서 울적했어요."

과분한 칭찬이다. 그럴 리가 없다. 내 어찌 이 분들의 마음을 흔들 수가 있는가. 휴식을 취한 후 이어지는 댄스 프로그램에 참여한다. 추켜세워 주던 두 여자를 번갈아가며 블루스 음악에 따라 손을 잡아주니 싫지 않은 기색이다. 마음이 흔들린다던 어르신은 참하게 생긴 할머니를 껴안고 천천히 스텝을 밟는다. 전과는 달리 평온한 얼굴이다.

직원들과 점심 식사를 하는 자리다. 강당에서 있었던 상황들을 자랑삼아 늘어놓는다. 회장이 나를 추켜세우니까 다른 이들도 동조한다. '내가 정말 잘해서 저러는가?' 하고 엉뚱한 생각을 하게 된다. 칭찬은 고래도 춤추게 한다고 했던가. 아니다, 가당치도 않다. '분수도 모르네.' 가 맞을 법하다. '착각은 자유다.'라는 표현이 적절할 듯도 하고.

아니나 다를까. 식사를 마친 후 여직원이 하는 말에 그만 쥐구멍이라도 찾고 싶다. 마음이 흔들린다던 어르신은 석 달 전에 사랑하는 할머니를 하늘나라로 보냈단다. 몇 날 며칠을 울고 불며 식음을 전폐하다시피 했다고 한다. 오늘도 아침밥이 모래 씹는 듯해서 찬물에 말아 대충 넘겼다며 쓸쓸한 표정을 지었다는 것이다. 이런 분의 마음을 내가 흔들어 놓았다고? 오히려 태풍이 나뭇가지를 흔들듯 내 마음을 흔들어 댄다. 부부애에 대해 설명하니까 돌아가신 마나님 생각이 나셨나보다. 부부사랑 이야기가 마음을 흔든 것인데 내가 잘해서 그런 줄 알았으니 어리석기 그지없다. 서글픈 마음을 살짝 건드렸을 뿐인데 우쭐했으니 말이다. 건방을 떠는 것도 유분수지 술 취한 품바꾼이 저 잘난 맛에 어깨춤을 춘 꼴이다.

12년째 이곳을 다닌다. 고속도로로 1시간 이상 걸린다. 일기가 불순하거나 몸 상태가 좋지 않을 때는 그만 두고 싶지만, 반가워하며 격려해 주는 분들 때문에 건너 뛸수가 없다. 바쁘다는 핑계로 전에 활용한 내용을 되풀이하려면 미안한 마음이 든다.

새로운 소재를 선택하기 위해 서점을 들르곤 한다. 잘 읽어서 정리하고 이해를 돕기 위한 영상자료를 만들려면 꽤나 시간이 걸린다. 아무리 그렇더라도 한 번 전한 내용을 반복하는 것은 스스로 허락할 수 없다. 방문할 때마다 진지하게 임하시는 그분들이 고맙고, 칭찬받는 즐거움을 맛볼 수 있으니까.

이번에는 '아름다운 인간관계를 위한 의사소통방법' 이란 주제다.

"사랑하는 마음을 갖고 대화에 임해야 합니다. 부부가 침대에서 은밀하게, 가족끼리 밥상머리에서 격의 없이 대화하면 자유롭습니다. 때로는 아내와 남편이 손을 잡고 자녀들을 포옹해주면서, 평화롭게 살아갈 수 있는 분위기를 조성해야 합니다."

"상대의 마음을 바로 읽을 줄 알아야 합니다. '미안해요, 용서해줘요, 고마워요, 감사해요, 사랑해요.' 라는 말이 입버릇처럼 나와야 하구요. 그래야 원활한 소통이 가능합니다. 말 잘하는 비결은 경청의 힘에 있습니다. 잘 들어 주면 대화의 주도권은 내게로 옵니다. 집중해서 들어야 됩니다. 그냥 흘려버리는 히어링(Hearing)이 아닙니다. 말하는 내용을 잘 파악할 수 있는 리스닝(Listening)을 하는 자세가 필요합니다. 말을 끊으면 가슴에 비수를 꽂는 행위와 같으니 조심해야 해요."

시간이 흐를수록 내 입술은 고속열차처럼 가속도가 붙는다.

"말도 잘해야 합니다. 말이 씨가 되는 법이지요. 말 한마디가 천 냥 빚을 갚는다고 하지 않았어요. 단어 하나 하나를 잘 선택합시다. 지시나 명령 대신 배려와 격려에 중점을 두어야 합니다. 상대의 약점을 건드리면 안 되고 공격이나 평가도 금물입니다. 험담은 하거나, 듣거나, 전하지도 말라했습니다. 천리에서 흉 본 것도 하루 사이에 곧바로 전해집니다. 막말은 더 더욱 안 되지요. 그 속에는 무서운 독성이 있기 마련이지요. 실험용 쥐에게 막말을 한참하고 나서 날숨을 담아 주사를 놓았더니 즉사했다는 연구 결과가 두렵습니다."

아침에 빗속을 뚫고 달려왔는데 귀가 길에도 또 그런다. 내릴 테면 펑펑 쏟아져 봐라. 더 많이 퍼부어라. 그럴수록 내 속은 후련할 거다. 라디오에서 흘러나오는 가락에 어르신과 두 여인들의 음성이 섞여 나온다.

"사랑은 언제나 오래 참고, 사랑은 언제나…."

마음이 흔들려 저절로 따라 부르게 된다. 그늘진 어르신 얼굴 위로 하늘나라에 계실 할머니 모습이 겹친다. 두 여인이 나와 춤을 추며 싱글벙글 웃던 모습도 다가온다. 더 이상 달릴 수 없어서 휴게소에 들러 전화를 한다.

"여보! 예쁜 여인들과 댄스를 했다. 내가 젊어 보인대. 약 오르지? 메롱. 내가 영감님 마음을 흔들어 놓았다고 꾸중도 들었어."

집에 와서 휴대폰을 열어보니 만날 때마다 반겨주던 여자 분이 문자를 보냈다.

'강사님 고마워요. 저희들에게 뜻있는 말씀을 하셔서 감명 깊었어요. 열정을 다하시는 모습이 존경스럽습니다. 살아가는데 큰 힘이 될 거예요. 앞으로도 좋은 말씀 많이 들려주세요.'

또 한번 마음을 흔든다. 동네 단골서점에 들른다. 『힘들면 그냥 울어』라는 제목의 책을 집어 든다. 할머니 생각에 시름에 잠기신 어르신 마음을 잘 흔들어 주려면 정성껏 준비해야겠다.

울면서 살래, 웃다가 죽을래?

질문답지 않은 질문이다. '울면서 살래?' 선 듯, 그렇게 하겠다고 응답할 사람이 어디 있겠는가. 인생 자체가 고통이라고 한다. 누구든지 쉽사리 벗어날 수 없기 때문이다. 몸이 성하질 못해서 눈물을 흘리고, 마음이 아파서 밤을 지새우는 이들도 부지기수다. 너무나 힘들 때는 이렇게 사느니 죽어버리는 게 낫다고 한탄도 한다. 실제 스스로 목숨을 끊는 비극도 일어난다.

험한 세상을 살아가려면 갖가지 난관에 부딪힐 수밖에 없다. 인간뿐만 아니라 만물이 다 그러면서 목숨을 이어간다. 아무리 그렇다하더라도 계속해서 울며 살라는 것은 말이 안 된다. 고통은 언제나, 누구에게나 찾아온다. 밤낮을 가리지 않고 사시사철 쉴 사이 없이 다가온다. 청년과 노인과 남자나 여자나 마찬가지다. 그래서 많은 철학자들도 '인생은 고통이다.' 라고 정의했나보다.

외로움도 그렇다. 하구한날 밀려오는 적적함을 어찌해야 좋단 말인가. 홀로 서 있는 미루나무는 쓸쓸할 거고, 작은 돛단배도 망망대해에 혼자서 떠 있기 싫을 것이다. 공중을 나는 새도 때로는 서러워서 운다. 산들마다 적적해 하고 강들도 마음 아파하며 흘러간다. 무엇하나 만족스럽게 생활하는 것들이 많지 않다.

어디 상처받지 않고 사는 사람이 있으랴! 육체적인 질병으로 아프지만 마음의 상처는 더 크고 깊다. 생물학자가 실험을 했다. 새로 돋아나는 호박순에게 화난 사람의 입김을 모아 뿜었더니 점점 시들었다. 이런 말을 했더니 각기 다른 결과가 나타났고 한다.

"새싹아! 어느새 이렇게 노랗고 예쁘게 나왔니? 어서 무럭무럭 자라거라."

실제로 튼실하게 자라서 알찬 열매를 맺었다.

"야, 너는 왜 이렇게 못생겼니? 아무짝에도 쓸모가 없겠구나. 차라리 죽어 버려라."

예상했던 대로 말라비틀어졌다.

그토록 아끼고 사랑하는 애완동물도 수시로 상처를 받는다. 밥그릇 엎었다고, 방에 대소변 쌌다고 야단을 치거나 때리면 우울해 하고 눈물을 흘린다. 심하면 식음을 전폐하다시피 하고 끝내 시름시름 앓다가 죽어버리게 된다. 내가 만약 이런 경우라면 어떨까? 아마 눈물로 세월을 보내게 될 거다. 차차 기력이 소진되고 살아갈 의욕마저 사라진다. 서럽거나 슬플 때 실컷 울면 확 풀린다고들 하지만 그렇게만 살아갈 수는 없다.

'웃다가 죽어버려라?', 이 또한 가당치 않은 말이다. 누가 죽기를 바라겠는가. 아무리 건강에 도움이 된다고 해도 막상 그런 말을 들으면 즉시 거부할 거다. 생명에 대한 애착이 얼마나 끈질긴 건데….

이토록 어렵게 사느니 죽는 편이 낫다고들 한다. 말은 그렇게 해도 막상 앞에 닥치면 지푸라기라도 잡고 싶어 하는 것이 사람이다. 시한부 인생을 살면서도 치료해주지 않는다고 가족들을 몰아치는 중환자를 보라. 식욕, 성욕, 소유욕, 소속욕, 자아실현욕구보다 최우선으로 하는 것이 생존의 욕구이기에 그렇다.

험한 세상 어렵게 살지 말고 사는 동안만이라도 행복하기를 바라니까 웃다가 죽으라고 할 거다. 유행처럼 떠도는 말이 재미있다. '월요일은 원래 웃는 날이고, 화요일은 화사하게, 수요일은 수시로, 목요일은 목청 높여, 금요일은 금방 웃고 또 웃고, 토요일은 토실토실하게, 일요일은 일삼아 웃어라' 말도 참 잘들 지어낸다. 웃음 관련 프로그램을 각 기관단체를 비롯해서 곳곳에서 적용하고 있다. 구성원들이 건강해야 조직이 활성화 되어서란다.

미국의 정신과 의사가 이런 논문을 발표했다. 우울증에 걸린 13살 소녀에게 오른 쪽 머리를 다섯 손가락으로 '톡 톡 톡' 자극하는 요령을 가르쳤다. 우리가 말하는 웃음보를 터뜨리도록 한 것이다. 한 달 후에는 얼굴이 조금 펴지고, 6개월 지나니 방긋방긋 웃더란다. 1년이 넘으니 완치되었다는 사례는 고통 받는 사람들에겐 반가운 선물이다.

신문과 방송을 통해 각종 웃음에 관한 정보가 나오면 귀가 솔깃해진다. 심호흡을 해서 산소를 배에 듬뿍 담았다가 천천히 내쉬며 크고 길게 웃어야 효과가 있다고 한다. 박수를 치고 발을 구르는 등 온몸을 흔들며 웃는 방법은 일반화 된지 한참이다.

요즈음 웃음 강사가 인기 직종으로 각광을 받고 있다. 나도 웃음지도사 1급 자격증을 취득했다. 연수 동기생들 중 전문강사로 나선 이가 많다. 자주 웃어서 건강해지고 돈도 벌수 있어서 좋다. 정기적으로 만날 때마다 손뼉을 치고 발을 구르면서 웃다가 죽어버리자고 떠들어댄다.

아무리 그렇다고 '웃다가 죽어버려라?' 어림도 없는 소리다. 세상에 죽기를 바라는 사람이 어디 있겠나. 억지로 웃어도 좋다고 하니까 그저 한마디 했을 뿐이리라. 어느 시인도 '사랑하다 죽어버려라' 라는 시를 읊었는데 아마 같은 맥락에서 일거다.

"울면서 살래, 웃다가 죽을래?" 그 누구도 선 듯 대답할 수는 없다. 건강해지려고 열심히들 웃는다. 슬픈 일을 당하면 가슴이 확 풀리기에 운다. 그래, 마음껏 웃고, 실컷 울어보자! "하~하~하~하….", "엉~엉~엉~엉…."

영혼을 담은 글

글쓰기 공부를 하면서 '영혼을 담은 글' 이라는 말을 좋아하게 되었다. 아무리 노력을 해도 그런 수준에 오르기는 어려울 것이다. 그래도 이런 소망을 갖고 쓴다.

'평생에 영혼을 품은 글을 하나만이라도 낳을 수 있다면 얼마나 좋을까.'

대학에서 노교수의 강의를 경청했다. 네 학기 수업을 마치고 뒤풀이를 하는 자리에서 글다운 글이 써지지 않는다며 호소했더니, 그 답변에 고개가 끄덕여졌다.

"아무나 글다운 글을 쓸 수 있는 게 아니지요. 전심을 다해 영혼 속에 담긴 언어들을 찾아내어, 정성껏 담아내야 좋은 작품이 될 수 있어요. 노력만 한다고 잘 써지지는 않습니다. 시재(詩才)를 갖추어야 하고, 시혼(詩魂)을 담아낼 수 있어야 훌륭한 작품이 나옵니다."

'붓 가는 대로 쓰면 된다.' 는 말만 믿고 수필로 방향을 틀었지만 그도 역시 어렵다. 만만치 않음을 절감하게 되니 멋모르고 달려든 내가 작게만 보인다. 그래도 자꾸만 쓰고 싶은 충동 때문에 지금까지 매달리고 있다.

문학회가 주최한 충주지역 기행이다. 각처에서 훌륭한 작품들을 대하니 반갑다. 문학관에서 작품을 감상하고 탄금대에 오른다. 권태응 작가의 '감자 꽃' 시비를 맞다보니 아련한 어린 시절로 달려가게 된다.

마당가 밭에다가 진한 냄새가 진동하는 뒷거름을 퍼부으며 감자를 길렀다. 밤늦게까지 수확의 기쁨을 맛보며 껍질을 벗겼다. 찌기도 하고 보리밥에 섞은 맛은 구수했다. 된장국에 넣어 끓이고 고추장에 볶으며 장아찌를 만들어 먹었다.

알곡이 동나다시피 하면서는 매일 같이 밥상에 올라와 질렸다. 철없이 투정부리다가 호되게 꾸중을 듣고는 서러움에 펑펑 울었다. 보다 못해 고개를 돌리고 눈물을 훔치시던 어머니가 그립다. 덩달아 훌쩍이던 누나도 보고 싶고……. 감자 꽃 핀 벌판 위로 조용히 걸어오시는 두 분 환상이 떠올라 울적한 마음을 달랠 길 없다.

감자꽃

자주 꽃 핀 건 자주 감자 / 파보나 마나 자주 감자
하얀 꽃 핀 건 하얀 감자 / 파보나 마나 하얀 감자

간결하면서도 순수하다. 어쩌면 아무 생각 없이 쓴 것 같다. '자세히 보아야 예쁘고 오래 보아야 사랑스럽다' 고 했던가? 자꾸만 읊어 보고 오래 음미해 볼수록, 가난의 찌들림 속에서 고통 겪던 추억들이 그리움으로 바뀌어 온다.

해설을 듣다보니 짧고 단순한 표현이지만 깊은 의미가 담겨 있음에 새삼 놀란다. 언뜻 생각하면 '콩 심은 데 콩 나고 팥 심은데 팥 난다' 는 속담에 비유할 수 있다. 실제로는 시(詩)속에 숭고한 애족 정신이 깔려있음에 놀라움을 금치 못한다.

작가는 일제 강점기에 일본 유학을 하다가 민족 말살 정책에 결연히 대항한다. 조직을 결성하고 투쟁을 벌임으로써 투옥된다. 귀국해서 구국운동을 계속하는 동안에도 작품을 발표하여 백성들을 일깨우는 일에 힘쓴다. 식민지 체제에 항거하며 독립운동을 주도하던 모습이 우러러보인다. 민족혼을 담아 은유적으로 노래했다는 설명은 마음을 뜨겁게 한다.

자리를 옮겨 산비탈에 세워진 정영택 님의 시비를 대하자니, 가난한 농촌 속으로 빠져들게 된다.

모밀꽃 2

올해 같이 목마른 해는/ 젊은이 가슴 가득/ 모밀꽃이 피어나
모밀꽃이 많이 피는 해는/ 마음이 가난하고/ 나라가 가난하고/<중략…>
모밀꽃이 피어나기 위하여/ 날은 가물고 목은 마른다.
타는 목마름이라 했나. 시린 가슴을 어느 누가 이렇게 표현할 수 있으랴!
'모밀꽃이 피는 해는/ 마음이 가난하고/ 나라가 가난하고.'

가슴이 아리다. 나라를 걱정하고 민초들의 고통에 애통해 하는 작가는 과연 어떤 영혼을 지녔을까. 선친의 얼을 이어받고자 아예 이곳에 거처를 자리 잡았다는 아들 또한 존경스럽다.

이어 신경림 작가의 기념비로 발길을 옮기니 시끌벅적 야단이다.

농무(農踊)

징이 울린다. 막이 내렸다/ 오동나무에 전등이 매어달린 가설무대에/

구경꾼이 돌아가고 난 텅 빈 운동장/
우리는 분이 얼룩진 얼굴로,/ 학교 앞 소줏집에 몰려 술을 마신다.
답답하고 고달프게 사는 것이 원통하다/ 〈중략〉
비료 값도 안 나오는 농사 따위야/ 아예 여편네에게 맡겨두고/
쇠전을 거쳐 도수장 앞에 와 돌 때/ 우리는 점점 신명이 난다.
한 다리를 들고 날라리를 불거나/ 고갯짓을 하고 어깨를 흔들거나/

홍겹고도 가슴 아픈 서정이 서려 있다. 나도 어렸을 때 아이들과 동네 농악대를 따라다니면서, 좋아라 손뼉 치며 어깨춤을 추었다. 구절마다 신나게 놀아나는 즐거움으로 가득 차 있다. 한편, 세월을 원망할 수 밖에 없는 암울한 시대상이 잠겨 있음에 가슴이 답답하다.

'분이 얼룩진 얼굴로/ 소주잔을 기울이는 아낙들/
서림이처럼 해해대고/ 꺽정이처럼 울부짖는다.'

가난의 울분이 마구 튀어 나올 것만 같다. 품값도 안 나오는 농사쯤이야 내던져 버리고, 신명 좋게 다리를 들고 춤을 춘다. 고개 짓과 어깨춤은 민족의 원한을 토해내는 듯해서 홍겹다기보다는 마음이 짠하다.

어쩌면 이렇게 풀어낼 수가 있을까. 나는 왜 그런 흉내도 낼 수 없는 건가. 정말로 글을 쓸 재주도, 영혼도 갖추지 못했단 말인가. 신은 인간에게 저마다의 재주를 내려 주었다는데…. 누구든지 세상의 수 만 가지 직업 중, 절반을 능히 해낼 수 있다고 한다. 내게도 틀림없이 마음을 쏟아 낼 수 있는 능력을 주었으리라. 찾고 또 찾아보자. 아름다운 영혼이 내 몸속 어디에 담겨 있는지를…. 영혼을 담은 글을 쓰고 싶다.

시간의 무게

나이든 사람들은 덧없이 흐르는 세월을 원망한다. 하루가 한 달 같아 지루하고 일 년이 하루 같이 지나간다면서 푸념한다. 새해에 들어선 지가 엊그제 같은데 벌써 우수 경칩이다. 피어나는 꽃들이 아름답고 지저귀는 새소리가 예쁘다. 내 가슴은 왜 이리 답답하고 무겁기만 한지 모르겠다. 올해도 아홉 달 밖에 남지 않았다. 봄이 온 것도 반갑지 않다. 한해가 펄펄 뛰어가니 잡을 수가 없어 걱정이다.

어렸을 때는 느린 세월 때문에 안달했다. 어서커서 어른이 되고 싶어서다. 지게를 서툴게 걸머지고 땔 나무를 하고 소 먹일 풀을 베면서 학교에 갈 때를 기다렸다. 군대에 갈 나이가 아직 멀었는데도 서둘러 지원했다. 시험에 합격하고 입영날짜를 꼽아보자니 답답했다. 막상 입대를 하고서는 더욱 지루한 일정을 보내게 된다. 뼈를 깎는 훈련을 받고 혹독한 기합에 애가 탈 때면 왜 그렇게 시간이 안 가던지…. 하루하루 넘어갈 때마다 달력에 가위표를 치며 꾸물거리는 세월을 미워했다. 그럴수록 짐을 벗을 날은 가물가물하다. 말 그대로 1분 1초가 고통스러운 시간들이었다.

전선에 배치되었을 때도 그랬다. 적군 동태를 감시하자니 밤이 왜 그렇게 늦게 가는지 짜증이 났다. 상급자들의 뒷바라지까지 하자니 시간은 더욱 거북이 걸음이다. 휴가 가는 선임 병들이 부러워 내 차례를 손꼽아 보지만 까마득하다. 막상 기회가 주어져서 어머님 사랑을 받고, 친구들과 만나 즐기다보니 시간이 얼마나 빨리 가던지…. 다람쥐가 땅속에 감춰 둔 도토리를 야금야금 발라먹듯, 다가오는 귀대 날짜를 아끼고 아껴가며 돌아가는 시계바늘을 붙잡고 싶었다.

청소년들은 얼른 어른이 되고 싶어 한다. 초등학생이 되면 중 · 고등학교 갈 차비에 바쁘다. 대학생이 되면 자유분방해서 시간가는 줄 모른다. 결혼시기에는 부모의 간섭을 뒤로하고 짝을 찾아 동분서주한다. 어른은 빠른 세월을 한탄하고 젊은이들은 늦은 시간을 탓한다. 모두가 그런 것은 아니다. 연령이나 시대나 상황을 넘나들며 살아가는 이들도 있다. 그렇다. 인생은 시간의 빠름과 느림의 연속선상에 서 있다고 말할 수 있다. 살아가는 모습들도 다양하다. 세월이 너무 빠르게 간다고 하는가 하면 너무 늦게 가서 못마땅하다는 사람도 있다.

스스로 지혜롭게 조절해 가며 살아야 한다. 혼자서 끙끙대고 안타까워하며 시계만 들여다보면 무슨 소용이 있는가. 막강한 권력과 풍부한 재력과 화려한 명예 등을 거머쥐게 되면 교만을 떤다. 마치 세상이 다 자기 것인 양 거드름을 피우며 가는 세월을 멈추려한다. 조금만 모자란다 싶으면 더 채우려고 펄펄 뛰어다닌다.

무겁게 짐을 지고 더디게 가는 시간을 탓하는 이들이 가엽다. 갖은 고초를 당하며 허겁지겁 끌려가는 이들이 수두룩하다. 하루 한 끼를 제대로 못 먹는 사람들도 많다. 지구상에 가난을 못 이겨서 죽어가는 사람이 4-5초에 1명꼴이란다. 70억 세계 인구 중 12억 명 이상이다. 그중에서 13세 이하가 4억 명이나 된다고 한다. 시간의 무게에 짓눌려 살아가고 있음이다. 이런 글귀가 마음을 흔든다.

'가난한 자가 곡식을 거두어 가게 그냥 두어라, 떨어진 것을 줍지 마라. 한 생명이라도 더 살아가도록 ….'

인종 간, 지역 간, 세대 간, 계급 간, 종교 간 갈등이 마음을 무겁게 한다. 폭력과 전쟁으로 이어져 피해당하는 사람들이 급속도로 증가한다. 하루하루 버거운 시간을 짊어지고 씨름한다. 나누어서 지고가자. 무겁게 보내는 이들에게 축복을 주는 길이다.

어떻게 하면 시간의 무게를 잘 다스릴 수 있을까? 무거울 때와 가벼울 때를 조절하며 슬기롭게 살아가는 자세가 필요하다. 시간을 가볍게 여기지만 때로는 무겁게 흐르기를 바랄 수도 있는 것이 인생이다. 가볍다고 느끼는 사람은 안주하지 말고 다가 올 사태에 대비해야 한다. 당장은 힘들어도 새로운 활로를 모색해야 한다. 자신이 가진 시간을 잘 다독이자. 왜 그렇게 되었는지 돌아보면 여유롭게 살 수 있다. 버거운 짐을 지고 가는 이들을 벗어던져버릴 수 있도록 손을 잡아주어야 한다. 절망의 무거운 짐을 과감히 탈피할 수 있다.

실제로 세월은 빠르거나 더디게 가는 것이 아니다. 1분은 60초, 1시간은 60분, 하루는 24시간, 1년은 12개 월, 모두 어김없이 찾아오고 사라진다. 처한 입장에 따라 시간의 무게는 다르게 느껴지는 것이다.

'시간의 무게!' 어떻게 대처해야 하느냐에 따라 인생을 좌우한다.

느림의 미학

'느림의 미학'이라는 제목의 신문기사가 눈에 띈다. 우리 세대는 이런 말을 시시때때로 들으며 성장했다.

"빨리빨리 해! 그렇게 느려 터져서 어디 네 앞가림이나 하겠니?"

집안 어른들도 제사 등 집안 행사가 있을 때면 종형제들을 재촉했다. 식사를 할 때마다 밥그릇을 빼앗기라도 하시려는 듯이 서둘러댔다.

"뭘 꾸물거리고 있어 이 녀석들아! 할 일이 얼마나 많은데 늑장 부려."

이런 환경에서 자라서인지 유별나게 급하다. 지금도 밥 먹는 시간이 불과 몇 분도 안 걸린다. 즐기면서 음식을 섭취하고 오래 씹어 먹어야 몸에 이롭다는 사실을 알고 있는데도 그런다. 일상에서도 마찬가지다. 해야 할 일을 맞으면 당장 해치워야 마음이 놓인다. 설레발을 놓으며 몰아대는 습관은 버리질 못한다. 해외여행을 할 때면 식당 종업원들이나 관광 안내원들이 서툰 우리말로 소리를 질러대서 민망하다.

"헤이, 빨리빨리!"

고풍스런 거리를 유유히 걷고 유서 깊은 고적들을 세밀하게 관람해야 할 텐데도 바쁘다. 장시간을 관람해도 제대로 감상하기 어렵다는 대형박물관도 단 몇 분 만에 대충 둘러보고 만다. 오히려 백화점 쇼핑은 한나절 이상 걸리니 남들이 알까 무섭다.

글을 읽거나 쓸 때도 매 한가지다. 대충 읽어버리거나 휘둘러대는 습관을 내려놓지 못한다. 차분한 자세로 읽어야 의미가 제대로 파악된다. 서두른 글씨는 자신도 알아보기 어렵다. 대충대충 꾸민 글은 수없이 고쳐 봐도 주제를 제대로 담지 못한다. 내용의 논리성이 미흡하고 오·탈자도 많다. 마음을 바꾸어 의도적으로 멈추며 읽으면 약이 된다. 쓰는 것도 중간 중간에 쉼표를 넣으면 부드럽게 읽을 수 있다. 적정한 대목에서 문단을 바꾸면 글 속의 내용을 제대로 음미할 수 있고.

일상에서도 마찬가지다. 힘들면 쉬었다 가면 된다. 달팽이는 천천히 기어가지만 높은 천장을 오를 수 있고, 자 벌레는 꾸물거리지만 긴 다리를 건널 수 있다. 마음을 누그러뜨리고 말하면 전달이 잘되어 공감을 얻는다. 매사에 임할 때마다 심호흡을 하면서 돌아가고 쉬어가야 한다.

왜 이렇게들 정신없이 달려만 가는지 모르겠다. 한꺼번에 두 계단을 뛰어 오르내리고, 한 입에 열 개를 넣으려고 아귀다툼을 한다. '내가 이것 밖에 안 되나.' 하는 자괴감이 든다. '백수가 과로사 한다.' 는 것이 나보고 하는 말 같다. 초조함과 불안감은 심한 스트레스에 중병으로 이어진다. 평안함 속에서 살다보면 넉넉함의 기쁨을 마음껏 누릴 수 있을 텐데도….

이리 닫고 저리 뛰며 야단법석을 떠는지 안쓰럽다. 정신질환자 중 상당수가 서두름에서 비롯되었다는 연구 결과가 뜨끔하다. 오늘따라

허둥대는 나 자신이 애처롭게 여겨진다. 때로는 뒤처지고 손해 보더라도 차분하게 나아가야 한다. 콧노래를 부르며 뱅글뱅글 돌아가는 멋을 즐길 줄 알자. 백 미터 경주하듯 서두르기만 해서는 안 된다. 인생은 마라톤보다 훨씬 길고도 먼 여정임이라 하지 않는가.

길가에 풀꽃을 쓰다듬고 돌멩이가 굴러가는 소리를 들어보자. 파란 하늘을 가르며 유유히 떠가는 구름 나그네들이 얼마나 멋진가. 부여잡고 홍타령도 불러보는 여유를 누려보면 좋으련만…. 빽빽한 나무 사이를 돌아가는 바람처럼 시시때때 몰려오는 인생 역경을 비껴가야 한다. 굽이굽이 돌아가는 물결처럼 순리에 따라 갈 일이다.

손나팔을 불며 키득거리는 백합꽃을 보라! 얼마나 행복한 얼굴인가. 고요한 밤에 높이 떠 있는 별들의 화려한 광채도 눈부시다. 대자연의 감동이 가슴속에 흘러 들어오도록 내버려 두면 어떠하랴. 진정 필요로 해야 할 것은 빠름이 아니라 여유로움이다.

쉬어 가자! 서두르면 광란에 빠진다. 사과나무 밑에 누워 만유인력을 발견한 뉴턴을 보라. 목욕탕에 몸을 담그고 큰 꿈을 꾼 아르키메데스를 보라. 느릿한 일상에서 원하는 것을 이룰 수 있다면 얼마나 보람된가. 차분하게 마음을 가다듬고 느림의 미학을 노래하자.

교사는 아이들의 영롱한 눈빛을 읽으며 가르치고, 기업가는 개미의 끈기를 본받아 사회에 공헌해야 한다. 위정자는 백성들의 외침을 올바로 청취하여, 혼돈의 세상을 바로 세워야 하고….

마음을 차분하게 가다듬고, 느림의 미학을 노래하자.

내려다보기

허겁지겁 앞동산을 오른다. 눈 아래 초록빛 공원이 펼쳐진다. 먼 산을 바라보며 유유히 걷는 행렬이 한가롭다. 뚜벅뚜벅 혼자 걷는 이가 여유로워 보이고 손잡고 걷는 사람도 다정해 보인다. 오라는 사람도 없는데 나는 왜 이렇게 헉헉대는지 모르겠다. 살아 온 날을 돌이켜보니 꿈만 같다. 내려간 흔적보다는 올려 밟은 자국들이 선명하다.

정한 일은 반드시 해내고야 말겠다는 자만심은 어려서부터다. 앞만 보며 치열하게 살아 온 나날이었다. 하다못해 또래끼리 구슬치기를 하면서도 지고는 못 배겼다. 공부와 운동과 취미 활동할 것 없이 앞서 가려고 달렸다. 군대에서는 말할 것도 없다. 뒤떨어지면 얻어맞기 십상이고 행동이 굼뜨면 배겨낼 수 없어서였다.

교직에 몸담아서도 마찬가지다. 다른 사람들보다 특별나고 싶어서 가르치는 일에 열을 올렸다. 중학교 입시를 위해 호롱불을 밝혀가며 아이들을 재촉했다. 이른 새벽부터 턱거리를 시켜가며 체력시험 준비를 위해 호되게 꾸짖었다. 찜통 같은 무더위와 살을 에는 듯 한 추위와 싸워가며 체육선수를 육성했다. 각종대회에서 상위권에 올라 수차례

메달을 획득했다. 현장교육연구에 몰두하여 최고의 상을 받았다.

교장자격 연수에서도 전국에서 모인 수백 명 중에 최고성적도 얻었다. 상장과 상금을 받아 쥐고는 부모님 산소에 올라가 엉엉 울었다. 남들이 소망하는 직책을 두루 거침으로써 남들의 부러움을 사기도 했다. 중견 교사가 되어서는 새로운 수업방법을 시도했다. 학생들 스스로 찾아내어 자유롭게 토론하도록 훈련시켰다. 스스로 탐구해 가는 문제해결 중심학습을 적용하여 윗분들로부터 인정을 받기도 했다.

올려다보는 일은 여기에서 멈추지 않는다. 정년퇴임을 한 다음 날부터 대학 강단에 서게 된다. 효율적인 강의법을 탐색하는데 몰두했다. 과제를 제시하고 그룹별로 토론 방식을 적용함으로써 나름대로 성과를 거둘 수 있었다. 붙여진 별명이 여러 가지다. 일꾼, 불도저…. 심지어 독종이라고 놀려댈 정도다. 나이든 지금까지도 변함이 없다. '오르고 또 오르면 못 오를 리 없건마는….' 이란 말을 되 뇌이며 부지런을 떤다.

오늘은 나를 돌이켜 볼 수 있는 결정적인 계기를 맞았다. 몸이 안 좋은듯하여 병원을 찾았다. 원장은 초등학교 4학년 때 가르친 제자다. 항상 세심하게 챙겨주어서 주치의라 부를 정도다. 검사를 마친 후 영상과 함께 결과 기록을 보여주면서 설명한다. 다소 조심할 부분도 있지만 나이에 비해 아주 양호한 편이란다. 불안해하는 낌새를 알아챘는지 온화한 어투로 안정시키려는 모습이 역력하다. 걱정은 좀처럼 가시질 않는다. 다시금 도움을 요청한다.

"가끔 눈이 흐릿해 지고 온몸의 힘이 빠지네. 머리가 지끈거리고 가슴도 답답해. 어깨도 아프고 다리도 결리니 온통 종합병원이야.”

원인을 찾아달라며 다그치니 빙긋이 웃으며 하는 말에 위안이 되면서도 쑥스럽다.

“검사결과에서 볼 수 있듯이 건강하신 편이예요. 차츰 좋아질 거예요. 그런데 선생님! 이런 말씀드려서 죄송해요. 저희들이 어릴 때에는 걱정을 많이 하면 못쓴다고 말씀하셨어요. 아무리 어려워도 힘차게 살아야 한다고 강조하셨잖아요. 누구보다 당당하시고 활기차게 살아오셨는데 오늘은 왜 이렇게 불안하고 초조해 하세요.”

이어지는 말에 더욱 주눅이 든다.

“지난주 성당에서 이런 강론을 들었습니다. 나이가 들수록, 올려만 보지 말고 내려다보아야 한다고 했어요. 선생님께서는 다른 분들에 비해 성공한 삶을 사셨어요. 열심히만 하지 말고 쉬시면서 사세요. 높은 곳보다는 아래 세상을 내려다보면 유익하데요. 당당하고 씩씩하셔서 저희들이 지금까지 좋아하잖아요.”

어리광 부리던 제자에게 한 대 얻어맞았다.

따끔하게 타이르시던 집안 사촌 형님 말씀이 떠오른다.

“올려다보지 못할 나무는 아예 쳐다보지도 말게. 위만 보고 걷다보면 돌부리에 차이는 법이지. 촉새가 황새 따라 갈려다간 다리가 부러진다네. 곁눈질 하지 말고 분수에 맞게 살았으면 좋겠어. 우리 인생 그리 길지 않아.”

그렇다! 내려다보아야 한다. 내가 지금 서 있는 위치가 어디인지 똑바로 보자. 누가 어렵고, 괴롭게, 즐겁게, 기쁘게 사는가도 살펴보자. 이제 그럴 나이가 되었다고 하지 않던가. 오르면 오를수록 좋을 것 같지만 나쁜 일이 생기게 마련이다. 높은 곳에 오르면 더 오르고 싶어 끝내는 교만에 빠져 허우적거리게 되는 법이다. 지위가 높아지면 남들이 부러워하는 것 같지만 돌아서서는 끌어 내리려 한다.

부족한 것이 있으면 분수에 맞춰가고 고통이 다가오면 조용히 달래야 한다. 보기 싫으면 고개를 돌리고 험담이 들리면 귀를 가리자. 나빴던 일들은 솎아내고 좋았던 추억만 골라내면 평안해진다. 낮은 곳으로 내려가서 더 낮은 세상을 내려다보면 얻어지는 것이 많다. 그래야 아름다운 세상으로 나아갈 수 있다.

제자가 가르쳐 준 '내려다보기', 고맙기 그지없다.

무거운 사람

"그 사람 말과 행동이 무거워."

단순히 '가볍다' 의 반대로만 해석해서는 안 된다. 겉으로 보이는 언행 속에 언뜻 떠오르는 느낌보다는 또 다른 의미가 담겨있다. 무거운 사람은 섣부르게 행동하지 않고 신중을 기한다. 언제나 겸손하고 배려하며 남모르게 다른 이들에게 베푼다.

가벼운 사람은 자기 본위로 생활한다. 즉흥적이어서 다른 사람을 멸시하고 비난하는 등, 옳지 못한 언행을 한다. 생각보다는 이런 사람들이 많은 편이다. 세상이 왜 이렇게 각박하게 돌아가는지 모르겠다. 자기만 챙기려들고 다른 사람보다 뛰어났다는 과대망상증에 빠져 있다. 줄줄은 모르고 받기만 좋아한다. 자기 잘못은 모르고 남의 탓만 하려 든다. 험담을 일삼고 자기 약점은 오그린다. 가깝던 사람에게 지울 수 없는 상처를 입히고 심지어 가족에게도 충격을 준다.

서산대사는 '불자굴 불자고(不自屈不自高)' 라고 역설했다. 마음을 잘 다스릴 것을 권유한 것이다. 자존감이 부족한 사람은 남의 비위를 맞추기 위해서 전전긍긍한다. 자만에 빠진 사람은 남의 말을 듣지 않고 고집불통으로 일관한다. 가벼운 행동은 재물과 섹스와 권력과 명예와 많이 연관되어 있다. 그 중에서 재물은 가장 큰 영향을 끼친다. 일단 소유하면 나머지들은 자연히 성취될 수 있는 터전을 마련한 셈이다. 끝내는 교묘한 방법으로 영향을 주어 죄의 늪에 빠져들게 한다.

황금을 보기를 돌같이 하라 했다. 무거운 사람이 되려고 마음을 절제하며 정결하게 다듬는 자세가 필요하다. 시시각각으로 집요하게 몰려오는 유혹을 뿌리쳐야 한다.

"새가 머리 위를 날아다니는 것은 막을 수는 없다. 그러나 머리위에 새의 둥지를 틀지는 못하도록 해야 한다."

"가슴 아파하는 이와 함께, 아파해 줄 수 있는 가슴을 가진 나는 행복하다."

무거운 사람들은 남을 틈틈이 보듬어 주면서, 보람된 일을 하려고 부단히 노력하는 이들이 아름답다.

무거운 사람들로부터 수없이 많은 은혜를 입으며 살아왔다. 남다르게 사랑을 베풀어 주신 초등학교 때 담임선생님들이 그립다. 중학교 때 가까웠던 친구는 진실 된 사랑을 주었다. 어렵사리 자취하는 내가 안쓰러웠던지 간간이 밑반찬을 들고 왔다.

고등학교 진학을 못하고 소년농부가 된 해 가을에 추수가 끝날 무렵에 찾아왔다. 번쩍이는 고등학교 모표와 빼지가 별 네개단 대장처럼 부러웠다. 참고서와 시간을 알리는 회중시계를 안겨 주면서 격려해주는 바람에 마침내 목적을 이룰 수 있었다.

"공부 열심히 해라, 너도 고등학교에 가야하지 않니? 나보다 훨씬 공부 잘했잖아!"

꿈을 다시 펼치게 되는 동기를 부여해 주었다.

교직생활을 마치고 정년퇴임을 한 후에도 훌륭한 분을 만났다. 인생의 지도자 역할을 해 주신 은사님, 젊은 교사 때 올바른 스승상의 본을 보여 주신 교장선생님, 험한 날씨가 찾아오면 조심하라며 전화를 해주고 이것저것 챙겨주는 지내는 형제 같은 친구들, 많이 힘들 때 원거리 병원까지 방문하여 위로를 해 준 선・후배가 고맙다. 마음 아파하는 나를 위해 보이지 않는 데서 기도해 주는 교우들도 눈물겹고….

세상에는 무거운 사람을 닮아가는 이들의 숫자가 늘어간다. 손길이 모자라는 농촌에서 땀을 흘리는 대학생들, 돈이 없어 굶주리는 청소년들에게 밀린 외상값을 면제해 주는 국수집 할머니, 채소장사로 평생 모은 돈을 불우이웃 성금으로 보내는 두부장수 할아버지. 남모르게 고아들을 돕는 박봉의 월급쟁이, 위급한 상황에서 목숨까지 바치는 소방관과 경찰관들, 이들 모두가 훌륭하다. 그렇다,

무거운 사람들은 하나같이 아름답구나.

노인과 어르신

남들이 '노인'이라 부른다면 어떤 기분이 들까?, 만약 '늙은이' 라고 말한다면 화를 낼 것 같다. 늙기도 서러운데 '노인', 아니 '늙은이' 라니, 천만에 만만에 말씀이다. 혹 시'어른?', 그보다는 '어르신'이라고 불러 준다면 모를까?

그런 말을 듣기란 그리 쉽지 않다. 표현하는 말이나 행동이 의젓해야 한다. 고매한 인품이 묻어나야만 대접을 받을 수 있다. 요즈음 젊은 이들은 '어르신' 이란 낱말 자체의 의미를 정확히 알지 못한다. 일부를 제외하곤 별로 사용하지 않는다.

나이든 사람을 '늙은이, 노인, 어른, 어르신' 등 여러 가지로 부른다. 웃긴답시고 '할망구, 할배' 라고 부르는 이도 있다. 나까지 천대 받는 마음이어서 눈살이 찌푸려진다. 그런 사람은 출생의 근원지가 의심이 되어 부모까지 욕되게 한다.

'늙은이' 란 누에가 늙은 것처럼 휘늘어진 사람을 가리키는 표현이다. '노인' 은 나이가 들어서 늙은 사람을 일컫는다. '어른' 은 다 자란 사람, 그래서 자기 일에 책임을 질 수 있는 사람을 가리킨다. '어르신' 은 남의 아버지나 나이 많은 사람에 대한 경칭이다. 수양이 잘 되어 인격이 훌륭해서 본받을 만한 사람을 이른다.

만약 내가 노인으로 불린다면 기분 나쁠 거다. 더구나 늙은이로 대접을 받는다면 화를 낼 것이다. 바짝 쭈그러들어 볼 품 없는 모습이 연상되고, 쾌쾌한 냄새가 풍길 것 같아서다. 세상을 잘못 살아 온 사람으로 취급 받는 불쾌감도 생길 거고.

전동차 문이 열리자마자 사람들이 한꺼번에 몰려 들어온다. 좌석을 두고 쟁탈전을 벌어진다. 새파란 여자는 절룩거리는 노인과의 경쟁에서 승리 하고는 묘한 미소를 짓는다. 흐뭇해서일까, 쑥스러워서인가. 쳐다볼수록 얄밉다.

다음 역에서 정장차림의 청년이 들어온다. 아무렇지도 않는 듯이 임산부 자리에 털썩 앉는다. 태연하게 스마트 폰을 들여다보는 폼이 꼴불견이다. 허리가 구부정한 어른이 뒤뚱거리며 옆자리에 앉으려니까 힐끗 쳐다본다. 벌레 씹은 얼굴을 하더니 후닥닥 일어나서 멀찌감치 도망쳐 버린다. 괘씸한 생각이 들어서 부아가 치밀고, 마치 내가 당한 것 같아 서글픔마저 느껴진다. 가슴이 답답하고 식식거려져서 어디에 눈길을 두어야 할지 모르겠다.

하긴 나도 나이든 사람이 옆에 앉으려 하면 싫다. 오히려 나를 피하려는 이들이 훨씬 많을 텐데도 말이다. 하물며 새파란 젊은이들이야 오죽하겠는가. 이런 생각을 하니 세월을 탓하게 되고, 처량한 마음마저 든다.

몇 년 전부터 몇 군데 젊은이들 모임에 참여하여 어울릴 수 있는 기회를 맞았다. 진로에 대한 상담을 하고 함께 운동을 한다. 시국에 관한 토론을 하고 마음과 영혼에 대한 힐링도 한다. 모이는 날이 돌아오면 아내가 아끼는 크림을 듬뿍 훔쳐 바른다. 옷매무새를 가다듬으며 수선을 떤다. 나이 먹은 티가 덜 나도록 말조심한다.

아무리 그런다고 어두워진 얼굴이 밝아지고 굽어진 등이 펴질 수 있으랴. 식어가는 가슴 또한 뜨거워질 리도 없다. 요즈음 청년들은 나 같은 연령대 사람들을 두고, '수구꼴통', 아니면 '꼰대' 라며 함께 하기를 꺼려하는 판이다.'혹시 나도?' 하는 생각이 들어서 조심스럽다.

이런 판에 심신을 가꾸는 일을 게을리 해서는 설 땅이 없다. 날마다 거울을 들여다보며 부드럽게 웃는 연습을 하자. 부지런히 걷고 달려서 힘 빠진 몸에 기를 불어넣어야 한다. 원칙과 순리에 맞는 처신을 하는 것도 잊지 말아야 하고….

여러 가지 상념에 사로잡히면서 다짐한다. 눈을 감고 보기 싫은 것을 보지 말며, 귀를 막고 듣기 나쁜 말은 듣지도 말자. 곱지 않은 소리가 나온다 싶으면 입을 닫아야 하고. 자만에 얽매이지 말고 양보를 해야겠다. 헐뜯기 보다는 덕담을 늘려가도록 하자. 세월가는 대로 물결치는 대로가 아니라 새로운 꿈에 도전해야 한다. 과거에 한가락 했던 자랑이나, 남보다 더 가졌다는 자만심은 아예 내려놓자. 그저 부드럽고 겸손하게 다가가야 할 일이다.

"고맙다. 미안하다, 수고한다, 사랑한다."이런 말을 자주하면 행복해 진다고 한다. 허세부리면 안 되고 떠벌리지도 말아야 한다. 부질없는 욕심이나 아집일랑 아예 벗어던져버리자. 쓸쓸한 노인이기 보다는 활기찬 어른이 되도록 힘써야 하기 않겠는가. 어르신이라고 자만하지 말고 늙은이라 슬퍼하지도 말자. '노인과 어르신!' 내가 할 탓이다.

바통터치

“에이그 셋째 아부지!”

손바닥에 피를 철철 흘리고 찔끔찔끔 눈물을 흘리면서 다리를 절룩거린다. 떨어뜨린 바통을 움켜쥐고 간신히 다음 주자에게 넘겨준다. 초등학교 가을운동회 때에 부모와 함께 하는 400미터 이어달리기의 잊지 못할 장면이다.

관내 면장이어서 내빈으로 참석하셨다. 당신 동생 대신 내 손을 잡고 두 번째 주자로 달리다가 넘어진 나를 일으킨다. 징징대면서도 바통을 껴안고 있으니까 끌어안는다. 몸집이 크고 배가 불룩 나온 분이 들쳐 엎고 뒤뚱뒤뚱 달리신다. 조용하던 운동장이 온통 웃음의 도가니가 되어버린다. 덕분에 꼴찌로 가던 우리 팀은 당당히 1등으로 골인한다. 당시 벌어진 일을 생각하다보면 지금도 가슴이 벅차오르고 눈시울이 뜨거워진다.

계주할 때 첫 번째 주자는 재빠르게 출발해야 한다. 뒤의 선수들이 이어달리기가 용이하다. 다음에 달리는 이는 앞 사람이 점해 놓은 순서를 추월당하지 않도록 힘써야 된다. 신속하게 바통을 받아서 다음 사람에게 넘겨주는 일이 중요하다. 만약 실수로 떨어뜨렸더라도 얼른 주워서 재빠르게 전해 주어야 한다. 마지막 주자는 스퍼트를 잘함으로써 결승테이프를 끊는 영예를 누리게 된다. 일상생활에서도 마찬가지다. 대부분 사람들은 남들에게 주목받기를 원한다. 그렇지 못해도 주워진 기회를 살려 성실히 일하다보면 자연히 기쁨을 누리게 된다. 그런 모습을 후대에게 이어주는 일은 가치 있고 보람차다.

집안 어른들께서 솔선수범하시는 모습을 바라보며 자랐다. 셋째아버님은 면장으로 수년간 재임하면서 주민들의 궂은일에 발 벗고 나섰다. 옳은 일이라고 생각되면 상하를 불문하고 몰아쳤다. 6.25 당시 부역한 이웃 사람을 총살시키려는 경찰을 가로막으셨다는 이야기는 지금까지 우리 고장의 자랑거리다.

"얼른 풀어주세요. 이 사람은 내가 보증합니다. 빨갱이가 아닙니다. 여럿을 살리기 위해 어쩔 수 없이 인민군 쪽에 서는 척했을 뿐입니다. 절대로 그래서는 안돼요."

목숨이 달린 상황에서 아무나 할 수 없는 의기다.

9.28 수복 때는 도로 정비를 위해서 인력을 동원하라는 군인들의 요구에도 불응했다. 권총을 들이 댄 군인들에게, 눈 코 뜰 사이 없이 바쁜데 노역을 강요할 수 없다며 거세게 대항했다.

"그렇게는 못하겠으니 대신 나를 죽여라."

웃통을 벗어젖히고 가슴을 내밀며 끝까지 막아냈다. 허덕이는 면민들을 위해 예산을 지원해 달라면서 지휘감독자인 군수에게도 밀리지 않았다. 끝까지 당당하게 맞섰다는 일화는 후대들에게 무용담처럼 전해져 오고 있다. 권위를 내세우지 않고 소박하게 살면서도, 의를 위해서는 목숨까지 내 놓으신 의기를 잊을 수 없다.

큰 아버님께서는 한학을 공부한 분이다. 남에게 의지하지 말라며 어려운 일일수록 홀로서기를 당부했다. 조금이라도 어기는 듯 하면 호되게 꾸중하셨다. 효도와 우애를 강조했다. 선조들의 업적을 세세히 일러주면서, 가문의 자랑거리로 이어가도록 한 어른이다. 언젠가 동네 젊은 사람들에게 술과 담배를 권해서 깜짝 놀랐다. 속상한 나머지 펑펑 울면서 항의하는 당신의 아들을 이렇게 꾸짖었다.

"이 놈아! 하나만 알지 둘은 모르니? 젊은 사람들과 함께 해야 나이 든 나를 끼어주지. '에헴!' 하고 어른 행세만 하면 누가 이 늙은이와 어울려주니, 쯧쯧."

예의범절과 우애를 강조하고 손아래 사람들과 더불어 살아가는 본을 보여주신 그분이 존경스럽다. 훌륭한 유훈들을 얼마나 실천했는지를 생각하니 죄송스럽기 그지없다. 정신 차리자, 후대들에게 잘 이어주어야 하지 않겠는가.

요즈음 텔레비전 화면에 대를 이어오는 이야기에 공감이 간다. 함께 양복점을 운영하는 아버지와 아들이 다정해 보인다. 된장 공장을 운영하는 시어머니와 며느리가 화기애애하다. 힘겨운 대장간 일을 마다하지 않는 형제들이 화제에 오르니 아름답다.

너나 할 것 없이 출발선을 박차고 뛰쳐나오는 1번 주자가 되기를 선호한다. 관중의 박수와 환호를 받으면서 영광의 테이프를 끊는 4번 주자의 기쁨도 누리고 싶어 한다. 비록 그런 각광을 받지는 못할지라도, 가문의 전통을 이어주는 중간 주자 역할에 더 큰 관심을 가져야 한다.

'바통 터치!', 그 책무가 이렇게 막중할 줄이야.

그래도 이게 어디냐

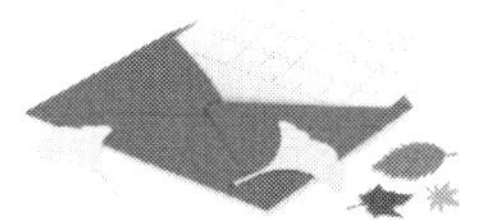

“그만하면 잘 주무셨네요, 날밤을 새우며 힘들어 하는 사람도 많은데요.”

감기가 심해서 잠을 못 이루고 쩔쩔매는 나를 두고 의사가 하는 말이다. 처방해 준 약이 혹시 부작용이 생기지 않을는지 걱정하는 마음을 이렇게 다독인다.

“치료되는 약이 있다는 거, 그게 어딥니까. 약이 없어서 그냥 세상을 떠난 사람이 얼마나 많아요. 저의 아버님께서는 약으로 살다시피 하시면서도 92세까지 장수하셨어요. 하늘이 내린 선물이라 생각하시고 마음 놓고 드세요”

어머니께서는 처음 집을 장만했을 때 비좁다고 아쉬워하는 나에게 이러셨다.

“얘야, 욕심부리지마라. 남의 집 사랑방에서 눈치 보며 살던 때가 엊그제다. 내 집에서 살게 되었으니 얼마나 좋으냐. 쌀밥에 기름진 반찬을 먹는다는 게, 어디냔 말이다.”

지금 나는 부러워 할 것이 없다. 넓은 집에서 여유롭게 생활한다. 가까운 곳에 사는 자식들이 수시로 드나들며 이것저것 챙겨준다. 꿈속에서나 볼 수 있었던 중형차를 운전하며 마음 내키는 대로 여행을 즐긴다. 열정 넘치는 이들과 함께 여러 분야에 걸쳐 하고 원하던 일을 한다. 전문가로부터 감정을 잘 다스리는 방법을 배우고 농사일에도 바쁘다. 이런 이야기들을 담아 글까지 쓰고 있으니 이게 어디냐.

나름대로 보람 있게 산다면서도 만족하지 못해서 가끔 낭패를 당할 때가 있다. 오늘도 만들었다. 따스한 아침 햇살을 맞으며 산에 오른다. 파란 하늘과 멋스럽게 어울린 소나무 숲길을 걸으니 상쾌하다. 스마트 폰에서 흘러나오는 노래를 따라 흥얼거리니 산새들도 시샘이 나는지 종알거린다. 등성이를 오르는데 가시덩굴에 대롱대롱 매달린 빨간 열매들이 손짓한다. 집에 갖다놓고 싶어 누가 볼세라 서둘러 꺾다가 그만 가시에 찔린다.

깔끔하게 포장된 개울가의 둘레 길을 걷는다. 억새꽃 무더기들이 개울 양쪽에 군대사열을 하는 것처럼 줄줄이 서 있다. 솜털 같이 나풀대는 소담한 꽃을 덥석 잡아당긴다. 그러다가 또 손바닥을 베었다.'따끔따끔', 아리고 쓰리다.

젊은 교사 시절에 모시던 교장선생님 생각이 난다. 조례대에 올라 주먹을 쥐고, 아이들을 향해 소리를 지르니 따라한다.

"손 끌기 조심!"

화단의 꽃에 손대지 말라는 뜻이다. 길을 걷다가 논이나 밭의 농작물을 무심코 잡아당겨서는 안 된다는 의미도 담겨있다. 나도 교실에 들어가 손을 함부로 놀리면 남에게 해를 끼치고, 마음도 나빠지는 법이라고 가르쳤다.

요즈음은 여러 사람들에게 나이가 들수록 욕심을 내려놓으라고 권장한다. 그러면서도 내가 막상 그런 상황에 부딪히면 그런다. 그렇다, 탐욕에서 벗어나가란 쉽지 않다. 웬만치 먹었는데도 보기 좋은 음식을 대하면 침을 흘린다. 몸만 가릴 수 있으면 족한데도 값비싼 옷에 눈길이 간다. 세상에 존재하는 재화는 한정되어 있고 인간의 욕망은 끝이 보이지 않아서다.

채우고 또 채워서 넘쳐나도 탐욕은 끝이 없나보다. 가정형편 때문에 감히 꿈도 꾸지 못했던 중·고등학교를 마쳤다. 대학교에 진학을 못해서 부모님을 원망하며 신세 한탄을 했다. 천신만고 끝에 목적을 달성했는데도 대학원까지 넘봤다. 야간에 원거리 통학을 하면서 각고의 노력 끝에 석사가 되었다. 내 형편에 이만하면 만족해야 할 텐데도 박사학위를 취득하지 못한 것을 못내 아쉬워한다.

나이가 든 지금도 그 늪에 빠지곤 한다. 친구의 부추김에 덩달아 들뜨게 되었다. 외국 유학을 다녀 온 박사들로부터 유익한 강의를 들을 수 있다는 말에 마음이 흔들린 것이다. 학비를 내고 일정한 과정을 거치면 박사학위까지 취득할 수 있다는 말에 현혹되어 원서를 제출했다. 실제로 참가해보니 내게는 합당하지 않는 것 같아 멈추고 말았다.

내가 나를 꾸짖는다. '언제나 내일을 생각하지 말고 오늘에 만족하며 살아라.' 나름대로 얻을 만큼 얻었고 배울 만치 배웠으며 해 볼 만치 해 보았다. 남들이 소유한 것에 눈독 들이지 말고, 내가 좋아하는 일에 보람을 가져야 하겠다. 힘겨운 일에 매달리지 말고 쉽고 재미있는 일을 찾아 즐기자. 소소한 일에서 기쁨을 찾고 잘못한 일은 회개하며, 새로운 길로 나아가도록 해야 한다.

비록 남들처럼 많이 이루지는 못했어도, 이 나이까지 살아 있다는 것, 나름대로 의미 있게 살고 있다는 것, 이게 어디냐 이 말이다.

잡놈

문학행사 중에 수상자의 소감 발표가 이채롭다.

"저는 잡놈입니다. 글을 써서 이렇게 과분한 상을 타고 여럿 앞에서 노래도 부릅니다. 틈틈이 그림도 그리고요. 하지만 진짜 잡놈이 되려면 아직도 멀었어요. 어느 하나 이렇다고 내어놓을 만한 것이 없으니까요."

잡놈이란 '행실이 바르지 못한 사내를 욕하는 말' 을 나타낸다. '잡다한 놀이의 기술이나 재주를 가진 사람' 이라 일컫기도 하고. 여러 분야에 능력을 갖추었다는 의미로 해석할 할 수 있어서 마음이 끌린다. 단어 자체가 익살스러운 느낌이 들어 친근감도 준다. 지난해 문학기행 때 버스 안에서 회장이 회원들을 소개하며, '잡놈' 이란 말을 써서, 의아했는데 이제야 진의를 알 것 같다.

나도 그렇게 불렸으면 하고 은근히 기대한다. 어찌 보면 그런 끼가 약간은 잠재되어 있었던 것 같다. 가끔 어린 시절의 아름다운 기억이 떠오를 때가 있다. 아버지께서는 거의 외국에서 생활하시다시피 하셨다. 어느 날 갑자기 나타나셔서 반가웠지만 좀처럼 가까이 다가가기가 어려웠다. 좋은 계기를 맞아 이제껏 받아보지 못한 칭찬을 받았다. 어린 마음에 얼마나 매우 감격스러웠는지 모른다. 나이가 든 지금도 그 장면은 좀처럼 잊을 수가 없다.

"너 춤 잘 춘다며? 어디 한 번 춰 봐라. 어서!"

사립문 안에서 수줍어하는 나를 품고 머리를 쓰다듬으며 어루만졌다. 얼굴을 빤히 내려다보시고 빙긋이 웃으면서 어서 추어 보라고 채근하셨다.

아마 설 명절 즈음이었나 보다. 색동저고리에 옷고름을 나풀거리며 덩실덩실 추었다. 덥석 들어 올리시고는 뺑뺑 돌리시며 호탕하게 웃으셨다. 식구들이 손뼉을 치며 기뻐했다. 당시의 그림 같은 장면을 그리자면 저절로 신바람이 난다. 그 뒤로는 아예 동네 춤꾼으로 소문이 나 버렸다. 할아버지들의 놀이터인 사랑방과 할머니들이 모이는 안방을 돌면서 활약을 했다.

성장하면서는 책읽기와 글쓰기를 좋아했다. 중학교 때는 헌책방에서 여러 분야의 책을 빌려서 읽었다. 나중에는 성인용 소설에 까지 두루 손을 댔다. 사범학교에서는 문예부에서 글을 쓰면서 나름대로 취미를 살리고자 힘을 기울였다. 교사 때에는 학교 도서관에서 성인과 어린이용 도서들을 뒤적거렸다. 교육행정직과 교육연구직에 근무할 때는, 눈 코 뜰 사이 없이 바쁜 일정에도 틈틈이 여러 권의 장편 소설까지 완독했다.

정년퇴임 한 이후로는 시간적 여유가 있어 하고 싶었던 일에 몰두할 수 있었다. 중앙문단에 입적을 하면서 활동을 계속해 오고 있다. 아름다운 예술인상을 비롯해서 유명 작가가 제정한 수필문학상을 수상했다. 지난해는 문학사랑에 작품을 제출했더니, 500여명의 작가와 독자들이 뽑아 준 우수작품상을 받았다. 이번에는 지원금을 후원하는 기관에 응모하여 경쟁을 뚫고 선정 되었다. 얼마 후 발간될 수필 6집이 세상에 태어날 것을 생각하면 지금부터 마음이 들뜬다.

음악분야에도 취미가 있었던 것 같다. 밴드부와 오페라 멤버로 참여하여 공연을 하기도 했다. 지금은 아코디언을 배워 불우시설을 돌면서 재능나눔을 하고 있다. 그러다보니 나도 이제 잡놈의 길에 들어서 있는 것 같다. 나와 이웃의 행복을 위해서 힘과 시간을 더 많이 보태야 하겠다.

'잡놈!' 천박한 뜻으로만 생각해 왔는데, 이제는 그럴듯하게 여겨진다.

재미나는 인생

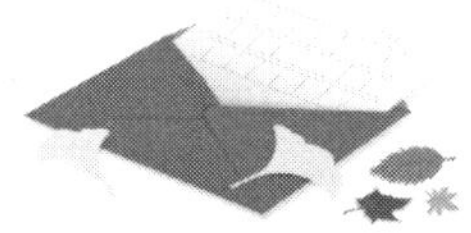

"어이! 내말 좀 들어봐. 시간 얼마 안 남았어. 우리 맛있는 것 실컷 먹고 좋은 옷 사 입으며 재미있게 살아가세, 그까짓 돈 아끼지 말고 여행도 마음껏 하고…."

매주 등산을 함께 하는 친구가 입버릇처럼 하는 말이다. 나이가 들으니 하루하루가 빨리 달아나는 느낌이다. 이런 나를 일깨워주는 시어(詩語)가 떠오른다.

'여든을 넘기며 맞는 하루하루/ 너무나도 사랑스러워/ 뺨을 어루만지는 바람
친구에게 걸어 온 안부 전화/ 집까지 찾아와 주는 사람들
제각각 모두 나에게/ 살아갈 힘을 선물하네.'

사랑의 온기가 촉촉이 젖어오는 느낌이다. 서글프면서도 용기를 주는 시도 있다.

'늙으면 서럽다/ 오갈 데 없는 늙정이를/ 떨어지지 않는 노파의 구두 밑창에/
달라붙은 젖은 낙엽에 빗댄 다지/ 아무렴 다시 오지 않을 세기(世紀)의 이 가을을/
마냥 즐겨야 하지 않겠는가.'

어린 시절, 자정이 가까운데도 제사를 지내지 않고 어른들만 이야기를 했다. 하도 재미가 없어서 꾸벅꾸벅 졸다가 그만 꾸중을 들었다. 다음날은 피로해서 공부시간에도 책상에 엎드려 있다가 담임선생님께 혼쭐이 났다. 제사는 왜 그렇게 자주 돌아오는지. 어린 나이에 졸음을 참으며 기다리려야 하는 이유를 알 수 없었다. 얼마나 재미없고 지루했으면 그랬을까.

청년이 되어서 꾸중들을 각오를 하고 건의했다. 부모와 조부님만 집에서 모시고 윗대 어른들은 산소에서 한꺼번에 올리자는 말씀을 드렸다. 결국은 뺨을 맞으며 호되게 질책만 들었다. 차마 울지도 못하고 속만 태웠던 기억이 남아있다.

얼마 전에 종형제들에게 같은 권유를 했다. 열심히 차려 놓아야 제사 지낼 사람도 별로 없고, 종손들만 지내야 하는 번거로움을 덜어주고 싶어서다. 가을에 올리는 시제를 포함해서 봄 가을에 두 번만 공원묘원에서 모시자는데 의견일치를 보았다. 이 참에 보고 싶은 대소가가 다 모여서 조상의 얼을 기리고, 정겨운 대화도 나눌 수 있어 보람을 느낀다. 제례를 마치고 내려오면서 동생을 하늘나라로 먼저 보낸 제수에게, 위로한답시고 이런 말을 내어 놓았다가 오히려 민망했다.

"제수씨 아이들과 재미있게 사세요."

"예, 맞아요. 그런데, 그렇게 살려 해도 좀처럼 되질 않네요. 좋은 일이 있어야지요."

재미없는 삶은 무미건조할 뿐이다. 누구든지 좋은 일만 있으라는 보장이 없다. 반복되는 일상은 메마르다. 즐거운 일을 기다리기보다는 스스로 만들어 가야 한다. 재미나는 일을 찾아 동분서주해야 한다. 그래야 살맛이 난다.

이 분야에 관심을 갖고 책을 읽고 정리해 보았다. '짧은 인생, 재미있게 살자!' 라는 주제로 젊은이로부터 노인에 이르기까지 전해준다.

"여러분은 지금 무엇으로 재미있습니까? 시야가 세계가 넓으면 넓어질수록 행복의 기회가 많아집니다. 젊은이는 산 정상을 오르는 멋도 있지만, 나이든 이들은 산 어구를 돌다가 꼭대기를 바라보는 재미를 느낄 수 있어요. 스스로 재미있는 일들을 찾아가며 즐깁시다. 어느 작가는 이렇게 말했습니다.

'이 얼마나 운이 좋은가? 환갑에 모기를 물렸는데 올해 또 물리게 되다니.'

팔십 노인이 히말라야 산맥을 넘으면서 이런 자랑을 했다고도 합니다. '한발 한발을 걸으니 재미있는 절경이 참 많더라.'…"

자식이 잘못하거나 주위사람이 괴롭혀도 슬기롭게 대처하면 된다. 나이 들어 늘어나는 외로움도 돌이키면 바꿀 수 있다. 고통을 현명하게 비켜가서 재미있는 삶으로 반전시킨다면 성공한 인생이다. 혹시 누가 나보고 "너는 지금 무엇으로 재미있느냐?" 라고 묻는다면, 일부러 그런 일을 만들어간다고 답변할 수 있다. 새벽기도를 드리고 돌아오는 아내가 현관문을 열면 재미있는 장면이 연출된다.

내가 "까꿍! 굿모닝! 아이 러브 유~~."

하면, 아내도 따라 그런다. 처음에는 어색했으나 지금은 아침인사가 되어 하루 일과를 즐겁게 시작한다.

만나거나 헤어질 때면 "사랑해" 하며 껴안아 주는 방식이 우리 가족의 인사법이다. 3살 난 아이의 새까만 눈동자를 보면 깨물어 주고 싶다. 초등학교 1학년 손녀의 손을 잡고 등교시키며 꿈같은 동화의 세계로 빠진다. 일주일에 두세 번 친구들과의 만남에서 오락을 즐긴다. 동네 사람들과 벌이는 봉사활동도 즐겁다.

남들이라고 다하는 일일 테지만 나름대로 재미있게 살아간다고 자부하고 싶다. 나이 들었다고 거드름을 피우면 누가 알아주나. 스스로 주눅이 들면 불행만 가중된다. 행복은 남이 주는 것이 아니고 스스로 만들어 가야 한다. 세상 끝나는 날까지 재미있게 살고 싶다. 그래 찾고 또 찾아보자. 내가

나보고 이런다.

"신나고 보람찬 일은 얼마든지 있다. 누워서 감 떨어지기만 고대한다고 어디 입에 들어가느냐. 팔을 벌리고 두 손을 모아 소리라도 질러 보아라. 하루하루를 즐겁게 살아갈 수 있다면 더 이상 바랄 것이 없을 거다. 스스로 찾아내고 새롭게 만들어 가라. 사소한 것일지라도 재미있는 일들을…."

마음이 흔들린다

2부

내어주고 받아보며

진솔한 마음이 담긴 선물이 내 삶을 살찌게 한다.
여생의 길목마다 기다리고 있으리라는 기대에 감사드린다.
'마음을 담은 선물' 하나하나가 귀하고 아름다운 보석이다.

종이학이 나래를 펴면

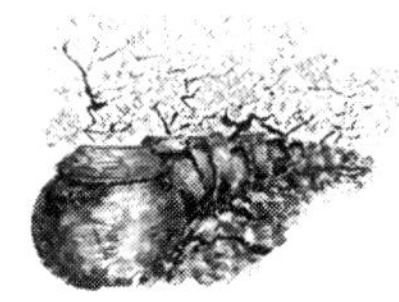

어린 손녀가 볼에 뽀뽀를 해 주더니, 학교에서 접었다는 종이학을 생일선물로 주면서 하는 말이 따스하다.

"할아버지 오래오래 살아야 돼, 응?"

십여 년 전에도 이런 선물을 받았다. 가깝게 지내던 후배가 금전관계로 조직폭력배에게 시달림을 받다가 정신질환에 이르렀다. 계속되는 공갈과 협박을 견디지 못해서 흉기를 휘두르는 바람에 그만 치료감호소에 수감되었다. 3년여 간 가끔 찾아가서 손을 잡고 기도했다. 음식물을 반입하는 것이 원칙적으로 금지되었지만 사정사정을 해서 제철 과일과 명절음식도 나누며 함께 울었다. 순간의 실수 때문에 두고두고 괴로워하던 얼굴이 눈에 선하다. 으스스한 늦가을에 찾아갔더니 틈틈이 접었다는 종이학을 건네주며 하던 말이 얼마나 안타까웠는지 모른다.

"형님! 형수님! 자주 와 주셔서 고마워요, 이 은혜를 어떻게 다 갚아야 할지 모르겠네요. 기도하는 마음으로 드릴 테니 소망을 꼭 이루세요."

아내는 집에 도착할 때까지 소리를 죽이며 훌쩍거렸다. 먼 곳으로 이사한 후도 매년 거르지 않고 찾아와서, 차에 태우고 전국을 돌며 특별음식을 대접해 준다.

또 한 번 진한 감동을 받게 되었다. 휠체어에 의지해서 간신히 생활하는 중증장애우 여인의 이야기가 마음을 요동치게 한다. 스물다섯 살 때부터 수족을 제대로 쓰지 못하는 몸으로 교도소 사역을 해 오고 있다니 놀랍다. 환갑을 넘긴 지금까지 재소자들과 편지로 교제해 오고 있다고 한다. 하루빨리 해방시켜 달라는 뜻에서 학을 접어 보냈더니 자기도 답장과 함께 넣어 보내왔단다. 이 소식이 전국에 소문이 나서 여러 군데 재소자들과도 주고받고 있는데 2004마리나 간직하고 있다는 것이다.

태어날 때부터 제대로 움직이지도 못하는 상태여서 가족들로부터도 버림받은 신세였다. 이곳저곳 시설을 전전하면서 갖은 고생을 다 해왔는데, 지금은 건강이 아주 나빠져서 휠체어에 의지한 채 간신히 움직이는 정도이다.

예배드리는 날이면 그에게 다가가서 손을 잡고 인사를 나누곤 한다. 처음에는 얼굴을 찡그리고 온몸을 부르르 떨어서 선뜻 다가가기가 망설여졌다. 자주 만나다 보니 스스럼없는 사이가 되었다. 말씨가 어눌한데도 그런대로 의사가 소통되고, 차츰 가까워지면서 순수한 심성을 읽을 수 있다.

교회 주보를 받아들고는 깜짝 놀랐다. 손가락 하나도 제대로 움직이지 못하면서 어떻게 이런 글을 썼는지 모르겠다.

'우리 집에는 2004마리의 종이학이 있습니다. 교도소에 갇혀 있는 분들이 저를 생각하면서 한 마리씩 정성껏 접어서 보내 준 겁니다. 오래 전부터 모았는데 너무나 고맙고 귀해서 이사 갈 때마다 챙겨 가지고 다닙니다.'

재소자들은 여러 형태의 사건으로 인해 수감되고, 하는 말과 행동이 각양각색이라는 것을 알게 되었다. '어느 청년은 폭행과 사기로 감옥을 들락거리며 재소자들을 마구 괴롭힌다. 만기 출소하고서는 이 여인을 찾아와 사기 행각을 벌인다. 엄포를 지르고 죽는 시늉을 하는 등 별별 짓을 다하면서 조르는 바람에, 근근이 모아둔 국가지원금을 털어 주었다. 이런 사실을 알고 나서는 벼룩의 간을 빼먹어도 유분수지 당신은 구제받을 수 없는 쓰레기 인간 이라며 호통을 쳤다.'

읽어내려 가다보니 얼굴이 화끈거린다.

이런 이야기도 적혀 있다.

'성실하게 생활하던 의사는 가정을 꾸려 행복하게 살았다. 뜻하지 않게 아내가 세 살과 다섯 살 두 아이를 버리고 가출을 한다. 외간남자와 바람을 피운 것이다. 현장을 목격하고서 살인을 저지른다. 무기징역 언도를 받았지만 나는 손가락질을 할 수가 없다. 몸과 마음 모두가 그럴 자격을 갖추지 못해서다.'

겸손하면서도 진실 된 마음을 읽어가자니 마음이 울컥해진다.

어렵게 면회를 하고 영치금과 물품을 넣어줄 때면 이런 말을 듣기도 한다고 한단다.

"불편한 몸으로 혼자서 살아가기 어려울 텐데 이제 그만하세요. 이렇게 자꾸만 주시면 저는 어떻게 해요. 더 이상 몰염치한 사람이 되고 싶지 않아요."

형편이 말이 아닌 재소자들이 자신에게 도움을 주었다는 이야기도 쓰여 있다.

'외롭고 힘든 사람들에게 많은 편지를 보내려면 돈이 필요할 것 같다며 보내왔다. 푼푼이 모은 영치금과 정성껏 접은 학을 보고 감격했다'

불우한 처지에 놓였는데도 서로를 섬기는 마음이 거룩하다.

선진국에서는 길을 묻는 사람에게 가르쳐주기만 해도 천사라 부른다고 한다. 이들도 그렇게 대접해 주는 것이 마땅하지 않은가. 손가락 하나로 써내려간 글을 모아서 책을 엮는다니 너무도 눈물겹다. 조용히 눈을 감고 무리지어 날아오는 학들을 떠올려본다. 예쁜 종이학을 주면서 오래오래 살라고 당부하던 손녀의 손길이 따사롭다. 고독의 나날을 보내면서 우리 내외의 소망을 위해 기원하던 후배의 심성이 고맙다. 감옥에 갇혀 있으면서도 자신을 도와주는 이에게 보답하려는 마음도 훈훈하다. 불구의 몸으로 재소자들을 도우며 기도하는 장애우 여인은 그 어디에 비길 데가 없고….

2004마리의 종이학들이 나래를 펴고 "푸드득, 푸드득" 내게로 몰려오는 듯하다. 가슴을 시리게 할 여인의 책도 어서 빨리 날아왔으면 좋겠다.

마음이 가리키는 일

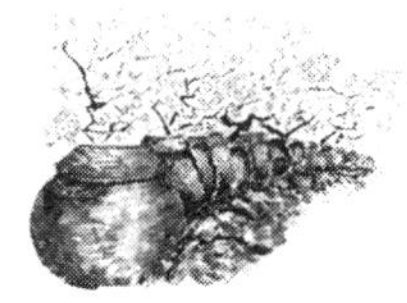

생기 충천하는 화창한 봄날이다. 어린 손자가 갑자기 살금살금 걷더니 쪼그리고 앉는다. 갈라진 콘크리트 틈바구니에 끼어서 허우적거리는 개미를 본 모양이다. 나뭇가지로 조심스레 잡아 올린다. 먼지를 살살 털어 주고는 살짝 놓아주니 쏜살같이 달아난다. 너무나 사랑스러워 덥석 껴안아주었더니 저도 헤헤거린다.

연두색으로 물들어가는 앞동산을 오른다. 힘겹게 오르는데 다람쥐가 이리 닫고 저리 뛰며 야단들이다. 한참을 가다가 잠시 멈추더니 올망졸망 풀꽃 앞에 선다. 갖고 싶어 그러나 하는 마음에 꺾으려니까 얼른 손을 잡아당긴다.

"할아버지, 그러지 마. 예쁜데 죽이면 어떡해, 너무 불쌍하잖아."

화들짝 놀라우면서도 깨물어 주고 싶도록 사랑스럽다. 나무 주위를 요리조리 돌며 홍얼거리는 바람에 나도 "허 허 허" 따라 웃는다.

"사랑과 자비를 베풀라. 나누어 주라. 세상에 내 것이란 하나도 없다. 잠시 나에게로 흘러 왔다가 사라져 갈 뿐이다." 법정스님의 말씀이다. 알렉산더 대왕은 이런 유언을 했다. 죽으면 관 속에 두 개의 구멍을 뚫어달라고 했다는 것이다. 빈손을 하늘로 펴 보여서 이 땅의 탐욕은 모두 허사임을 보여주었다.

인생은 '공수레공수거(空手來空手去)' 일진대, 왜 자꾸만 긁어 담으려고만 하는지…. 가진 것을 마음이 가리키는 사람에게 주면 내게로 돌아온다는 사실을 알면서도 그런다. 나는 과연 어린 손자만도 못하단 말인가?

부자가 천국에 들어가는 것은 낙타가 바늘구멍을 통과하는 것보다 어렵다고 한다. 우리를 깨우치려는 사려 깊은 뜻일 게다. 부자도 부자 나름이지 모두 그런 것은 아니다. 세계 제일의 거부는 빌게이츠다. 큰 재산을 몽땅 털어 세계 여러 곳의 난민들을 구제하고 있다. 두 번째 부자라는 워런 버핏도 거액의 재산을 그에게 주었다. 자신은 나이가 많이 들었으니 대신해서 좋은 일을 해달라고 당부했다. 페이스북 경영자 마크 저거버그는 딸 생일에 재산의 90%를 흔쾌히 기부했다. 어린 아이가 살아갈 미래에 좋은 날이 되게 해 달라는 바람이었다고 한다.

일찍이 우리도 이런 일들을 해 왔다. 남모르게 쌀가마를 돌려 가난한 자를 구제한 최 부자 댁의 헌신이 돋보인다. 한국의 슈바이처라고 불리는 이태석 신부는 잘 나가는 의사의 길을 마다하고 믿음의 길을 택했다. 아프리카 수단으로 달려가서 오지의 사람들을 위해 강모래를 퍼 나르며 병원을 세우고, 학교를 건립하여 청소년 교육에도 힘썼다. 중병에 걸린 후에는 귀국하여 목숨이 다할 때까지 국내외 불우한 사람들을 위해 헌신했다. 세상을 떠났다는 말을 듣고 그가 악기를 구입해 주어 조직한 악대가 고마움을 담아 연주를 했다. '아버지, 아버지!….' 라는 애절한 곡이다. 마을의 온 주민들과 함께 눈물 흘리는 텔레비전 장면은 수십 년이 지났는데도 우리의 마음을 두드린다.

어려운 환경에도 구제사업에 쓰라고 흔쾌히 내어 놓은 기부천사가 여럿이다. 1억4000만원이나 내 놓은 22살짜리 골프 선수, 뜨게 질한 삯을 모아 남들을 도와주는 80이 넘은 산타할머니, 추운날씨에 고생하는 택배 기사에게 초콜릿을 건네는 아줌마, 신문 배달 소년에게 뜨끈한 어묵국물을 먹여주는 포장마차 아저씨, 애틋한 심성들이 놀랍다. 바로 마음이 가리키는 일을 하고 있기 때문이다.

현직에서 근무처를 옮길 때마다, '사랑'이라는 목표를 내 걸고 교육에 임했다. 나만을 위해 공부하고 일하자던 종래의 고정관념을 바꾸려는 의도였다. 전교생과 함께 운동장이 떠나가게라도 할 듯 외치던 음성이 달려온다.

"사랑하면/ 남보다/ 내가/ 더 기쁘다!"

조금이라도 더 열심히 이행하지 못한 것이 후회스럽다.

누구든 도움이 필요하다. 남의 눈물을 닦아 줄 수 있는 사람은 행복이 자신에게 되돌아온다. 내 주머니에 주워 담는 것이 아니라 남에게 채워 주는 것이 바로 살 길이다. 비록 작은 것일지라도 받는 이에겐 커다란 바위이고 드높은 하늘이다. 환한 웃음, 보드라운 손길, 사랑하는 마음이 담긴 말 한마디가 여러 사람들에게 커다란 희망을 준다.

오늘따라 손자의 눈빛이 한층 더 밝아 보인다. 녀석이 빙긋이 웃는 것을 보니 나보고 마음이 가리키는 일을 하라고 재촉하는가 보다. 덕분에 희망찬 새봄에 뜻있는 사랑을 배웠다. 나보고 보람차게 살 수 있다는 청신호를 보내는 것 같아서 마음이 설렌다.

숨겨 둔 애인

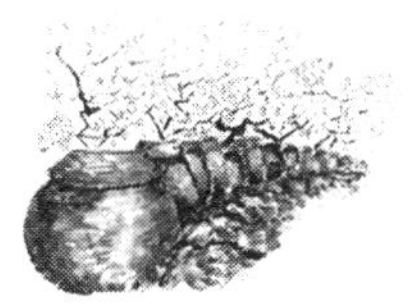

아내에게 강의하려 가는 김에 숨겨둔 애인을 만나야겠다며 농을 건다. 어림도 없는 소리하지 말라며 가당찮다는 표정으로 피식 웃어버린다. 아마 8개월 쯤 되었나 보다. 낯모르는 여인이 낭랑한 음성으로 전화를 해서 의아했다. 두 번째 수필집, 『바람과 소리』를 읽었다며 감상문을 보내겠단다. 갑작스런 일이라 놀라기도 했지만 떨 듯이 기뻤다.

'새로 구입한 수필집 『바람과 소리』를 읽으면서 울다가 웃었다가를 반복했다. 이제껏 느낄 수 없었던 감명을 받았다. 이 책은 우리의 삶에 슬픔과 아픔이 공존하듯 인생무상을 노래한다. 곳곳에서 흐르는 우리네 인생의 절절한 이야기다. 글마다 비수처럼 날아와 내 가슴에 꽂힌다. 어떤 대목에서는 흐르는 눈물을 주체할 수 없다. 또 다른 문장에서는 웃느라고 읽기를 멈추기도 하고….'

하도 고마워서 새로 출간한 수필집을 보냈더니 분에 넘치는 사연이 올라왔다.

'읽어가는 동안 내 마음은 따스한 햇볕, 아니 활화산 보다 더 뜨거운 흥분의 열기로 가득 채워진다. 평생 동안 작가의 주변에서 일어난 일들을 기쁨과 슬픔으로 승화시켜 엮어냈다. 평범하면서도 그렇기를 거부하는 책이 나를 다시 한 번 돌이켜 보게 한다. 활력 없는 내 일상에 큰 기쁨을 안겨준 글귀들을 사랑한다.

수준 높은 한편의 수필을 읽는 느낌이다. 보내 준 책값을 열배, 백배보다 더 많이 받은 셈이다. 만나보고 싶다니까 남편도 나를 보기 원한다며 빠른 시일 내에 날짜를 잡으란다. 마침 오늘은 독자가 거주하는 지역에 강의가 잡혀서 약속을 했다.

난리가 쳐들어 올 것처럼 마음이 분주하다. 아침 일찍부터 머리를 감고 로션을 바르며 머리를 다듬는다. 장롱을 열고 옷을 입었다 벗었다 설레발을 놓는다. 내가 쓴 글들에 동감해 준다는 독자가 있다는 자체가 얼마나 자랑스러운지 모르겠다. 더구나 그럴듯한 감상문까지 보냈으니 설렐 수밖에 없다. 직접 만나게 된다니 자못 기대가 된다.

고속도로를 달리는데, 오늘따라 주변 경관이 유난히 싱그럽다. CD에서 흘러나오는 여인의 아름다운 시 낭송은 마음을 술렁이게 한다. 언제나 그랬던 것처럼 수강생들의 환대에 신바람난다. 맨 먼저 사랑에 관련된 시를 화면에 비추면서 감상한다. 오후에 숨겨둔 애인을 만나게 되면 이 시를 읊어 준다니까 예서제서 수군거린다. 맨 뒤에 앉아 있던 남자가 벌떡 일어나더니 이런다.

"그러지 말고 여기에 있는 여자를 고르면 어때요? 절세미인이 얼마나 많은데요."

장내는 웃음바다가 된다. '사랑하며 살아가자!' 는 주제로 분위기를 돌린다. 이와 관련된 의미가 담긴 질문 12가지를 문답식으로 전개한다. 거침없이 질문과 대답을 하는 등 적극적으로 참여한다. 감사하다는 인사말로 마치니 박수와 환호로 화답한다. 악수를 하며 나오려는데 곱게 생긴 할머니가 어쩌면 그렇게 재미있게 하느냐며 손을 꼭 잡는다. 일부러 칭찬해 주는 줄 알면서도 기분은 꽤나 좋다.

몇몇 사람들과 대화를 하는데 등 굽은 할아버지가 사람들 사이를 비집고 들어온다. 수줍은 듯이 몸을 움츠리더니 검정비닐 봉투를 내민다. 추운 겨울부터 비닐하우스에서 손수 길렀단다. 앙증스럽게 꼭꼭 묶여 있는 상추는 겸연쩍어서인지 꼭꼭 숨어버리려는 눈치다. 가지런하게 포개진 싱싱한 깻잎은 쥐어주는 손길처럼 부드럽다,

윗분들이 출장을 가며 특별히 대접하라고 당부를 했다며 친절을 베푼다. 마련해 준 한정식 그릇마다 정겨움을 얹어서인지 먹음직스럽다. 음식을 앞 다투어 담아주는 여직원들 손길도 고맙기 그지없다.

독자를 대면하게 된다는 말을 자랑삼아 늘어놓으니까, 작가가 된 것도 훌륭한데 열혈 펜을 두었으니 얼마나 좋으냐며 부럽단다. 자기들에게도 책을 주면 감상문을 멋지게 써 주겠다며 새끼손가락을 내밀며 약속을 엮는다.

시골 우체국 한적한 마당, 작자와 독자는 이산가족처럼 반갑게 상봉한다. 젊은 시절에 본 영화에서 사랑하는 남녀가 읍내 장터에서 만나던 장면과 비슷한 느낌이다. 지붕 낮은 아담한 다방에 들어선다. 코끝에 간질거리는 커피 향을 다독이며 글 이야기에 빠져든다. 오래 동안 스스럼없이 대해 온 사이처럼 어색함이 없다. 처음으로 엮은 서간문 형식의 자서전, 『사랑으로 쓰는 편지 1, 2권』과, 수필집 『빨간 동그라

미』를 건넸더니 좋아서 어쩔 줄을 모른다.

바쁜 눈치여서 서둘러 글을 읽고 쓰는 이야기를 나눈다. 다시 만날 것을 약속하고 차에 오르는데 이곳 특산물인 사과를 두 상자나 실어 준다. 오랜 기다림 끝에 짧은 만남의 아쉬움을 뒤로한 채 달린다. 글 읽기를 즐겨한다는 독자 부부는 더없이 행복할 것 같다.

집에 와서 열어보니 글이 또 올라와 있다.

'날달걀도 익혀버릴 것 같은 뜨거운 날, 작가님과 이렇게 기쁜 만남을 이룰 수 있을 줄이야 꿈에도 몰랐습니다. 애타게 만나고 싶어도 인연이 없으면 평생 만나 볼 수 없는 사람도 많을 겁니다. 직접 모시고 글 향기를 함께 즐기니 더 말할 나위 없이 좋았습니다. 오늘의 감격스러움을 오래도록 간직하겠습니다. 작가님으로부터 직접 책을 세권씩이나 받은 것은 생전 처음입니다. 온 천하를 얻은 기분입니다.'

전화 한 통만 받아도 즐거운 일인데, 진심어린 격려를 받으니 하늘로 붕 떠오르는 기분이다. 글을 쓰기 시작한 것이 잘했다는 생각에 자랑스럽다. 이런 독자와의 인연은 등단을 하고 상을 받은 것 못지않은 보람이다.

편지로, 휴대폰으로, 이메일을 통하여 격려해 주는 덕에 용기가 솟는다. 어려운 여건 속에서도 평생 글쓰기를 고집한 문인들이 우러러보인다. 그 분들의 높은 뜻을 이제야 조금은 알 것 같다. 만날 때마다 반가워하며 환대해 주는 수강생들의 온정에 가슴이 따뜻하다. 맛있는 음식을 골라서 권하던 여직원의 마음도 상큼하다, 검정비닐주머니를 쥐어주며 수줍어하던 꼬부랑 노인은 하도 고마워서 절이라도 하고 싶다.

비록 등단한 작가는 아니지만 문학적 심성을 갖춘 독자여서 애틋하다. 별스럽지 못한 내 글을 대할 때마다 극찬해 주니 감사하다. 이런 대상을 '숨겨둔 애인' 이라 부르는 것은 합당하지 않은가. 주변에 이런 사람들이 많아졌으면 좋겠다면 지나친 욕심일까? 한 분 한 분의 사랑이 담긴 선물들이 내 삶을 값지게 만들어 줄 것 같다. 생각만 해도 훨훨 날아오를 것 같이 마음이 흔들린다. 마음을 담은 선물! 귀하고 아름다운 보석이다.

너희는 서로 짐을 지라

아! 가을이다. 아름답고 풍요로운 계절이다. 나는 과연 어떤 열매를 맺으며 어디로 흘러가는가. 역경을 넘어 새싹을 돋우고 꽃을 피우는 봄은 부푼 꿈을 가져다준다. 햇볕이 쬐고 단비가 내리는 여름은 성장의 원동력이다. 인고의 세월을 견뎌내야만 하는 겨울은 희망의 언덕을 바라볼 수 있게 해준다.

곡식이 열매 맺고 물고기가 윤기를 내며 짐승들이 살쪄가는 가을이다. 아름다운 단풍이 알록달록 온 산하를 뒤덮는다. 그것도 잠시이고 물기가 말라가고 양분이 부족해서 더 이상 버틸 수가 없을 것이다. 아름답다고 탄성을 지르는 단풍의 화려한 색깔위에는 이런 어두움이 숨어있다.

'바스락 바스락' 하염없이 떨어지는 마른 잎에는 통한의 눈물이 배어 있음이다. 단풍잎에 대롱대롱 매달려 애걸하는 늙은 거미도 처량하다. 저마다 뽐내던 싱그러움은 사라지고 쭉정이처럼 바짝 쪼그라들다가 끝자락에는 진흙탕에 묻혀 썩어진다. 이대로 붙어 있어서는 안 되는 존재임을 스스로 알아채고 낙하하는 것이다. 자신을 버리고 남을 위해서 죽어주는 거룩함이다.

'너희는 짐을 서로 지라' 어려움에 처한 이의 팔을 잡아 주라는 의미다. 파르르 떨어지는 낙엽이 썩어져 밑거름이 되듯, 버거운 짐일지라도 맡아서 지면 결실을 맺는다. 누가 '봄꽃보다 가을 단풍이 더 아름답다'고 했는가. 아무리 화려한 꽃일지라도 열흘을 다하지 못하지만, 하찮은 나뭇잎일지라도 온몸을 불태워 많은 이들의 탄성을 자아내도록 한다. 게다가 온몸이 썩어져서 뿌리에 양분을 공급하기까지 하니 이 어찌 꽃이 비교할 수가 있단 말인가.

겨울을 맞은 수벌도 스스로 죽음의 길을 택한다. 일벌들을 살리려고 월동할 먹이를 아끼기 위함이다. 수 일간 굶은 실험용 쥐도 그런다. 눈앞에 보이는 자신의 먹이보다는 위기에 처한 동료들이 빠져나갈 통로를 먼저 열어준다는 이야기가 놀랍다.

학 부부의 슬픈 사연도 있다. 사냥꾼이 총으로 학을 쏘았다. 상처와 강추위로 고통스러워하는 암컷을 품고 애처롭게 바라보는 수컷의 간절함이 애절하다. 끝내는 죽음을 함께 한다는 슬픈 이야기는 그 어느 것에 비할 수 있으랴.

지난 여름에 산간벽지에 지어진 조그마한 교회에 짐을 지러 갔다. 건물을 수리해달라는 부탁을 받고 각 분야별로 일을 맡았다. 30대 여자는 삼복더위에 뙤약볕이 사정없이 내려쬐는데도 고추를 땄다. 엄마 등에 업힌 아기는 어려움을 삭혀 주기나 하려는 듯 연방 옹알거린다. 뒤 따르며 앙증맞게 호미질 하는 네 살 박이 아이는 흐르는 땀을 닦을 틈도 없이 집중한다.

친구 따라 온 청년은 뙤약볕 양철 지붕마루를 타고 앉았다. 펑펑 망치를 때려 대면서 곶노래를 부른다. 몸이 성치 못한데도 땀을 흘리며 삽질을 하는 중년남자의 열정이 감동적이다. 갈라진 마당을 다듬느라 끙끙거리는 소리도 뿌듯하다.

60을 넘긴 노인이 빗자루를 곧추세우고 주변을 정리하며 흥얼거리는 남도가락이 수준급이다. 젊은 아낙들이 할머니들의 점심을 챙기면서 하는 이야기가 다정하다. 나도 그들 틈에 끼어 눈깔사탕에 유머를 발라 입에 넣어주었다. 고맙다며 깔깔거리는 모습들이 네 살짜리 아기 같다.

떠나는 길, 배웅 나온 노인들과 기념촬영을 하고 작별의 인사를 건넨다. 앞 못 보는 어른이 손을 어루만지며 당부하던 말씀에 울적해진다.

"이렇게 많은 일을 해주고 먹을 것까지 챙겨줘서 고마워요. 내년에도 꼭 오셔요. 보고 싶으니까요."

도움을 주었다기보다는 오히려 더 큰 기쁨을 얻었다. '화물선에 무거운 짐을 실어야 침몰하는 불행을 막을 수 있다. 무거울수록 사명이 클수록 강한 태풍에도 견뎌낼 수 있다' 는 말이 새롭다. 머뭇거리지 말자. 늦었다고 생각되었을 때가 가장 빠른 시작이다. 버거운 짐을 나누어지고 갈 수 있는 기회는 그리 많지 않다.

'너희는 서로 짐을 지라!' 가슴 속 깊이 간직해 두어야 할 말이다.

내어주기

산골 마을에서 작은 도서관을 만들 계획이라며 책을 보내달라는 전화가 왔다. 마침 대전문예대학으로 수필공부를 하러 가는 날이다. 이야기를 꺼내니 출판사 회장이 반가운 말을 한다.

"그렇게 좋은 일이라면 얼마든지 드릴게요. 주소만 알려 주세요. 선생님 이름으로 발송할 게요."

거기까지는 생각도 못했는데 적극적으로 응해주니 고맙다. 귀한 책을 거저 주는 것도 감사한데, 내가 보내는 것으로 하여 배달까지 해주다니….

이튿날 생각해보니 아무래도 직접 갖다 주어야겠다는 생각이 들어 다시 들렀다. 바쁠 텐데도 손수 지하 서고에 내려가 커다란 상자들을 메고 나온다. 육중한 끌개에 싣고 올라오면서 이런다.

"이거 최근에 나온 책들 중에서 읽기 좋을 만한 것들만 골랐습니다."

고마운 마음에 내가 끌고 가겠다고 해도 한사코 손을 내젓는다. 직접 차에 얹어주고 환하게 웃으며 건네는 말이 훈훈하다.

"그동안 요청하는 곳마다 보내주었어요. 더 필요하면 말씀하세요. 얼마든지 드릴게요."

청명한 날씨에 천변도로를 달리니 코스모스들도 신나는 듯 춤을 춘다. 하얗게 피어오르는 뭉게구름도 박수를 쳐댄다. 아마 내 기분을 알고 장단을 맞추고 있음이리라. 마을사람들이 회관에 모여 책 읽는 소리가 들리는 듯하다. 내 마음은 벌써 고향 역에 도착했나보다. 저절로 노래가 나온다.

'코스모스 피어있는 정든 고향 역/ 옥분이 꽃분이 기다리겠지…달려라 고향열차/ 눈감으면 떠오르는/ 그리운 고향열차'

하늘거리는 국화꽃 사이로 조촐한 도서관에 모인 산골 사람들이 보인다.

국화꽃 져버린 겨울 뜨락에/ 창 열면 하얗게 무서리 내리고/ 나래 푸른 기러기는 북녘을 날아간다./ 아~~~이제는 한적한 빈들을 보라/고향 길 싸리울엔 꽃등불이 타겠네/ 눈 속에서 꽃등불이 타겠네.'

차곡차곡 넣어두었던 그리움이 저절로 꺼내진다. 아련하게 피어오르는 환상 속으로 빠져드는데 책을 든 소녀가 어서 오라며 손짓을 한다. 예쁘고 착해서 내가 졸 따라다녔던 소녀다. 신랑각시가 되어 소꿉장난을 했는데 그림 같은 미소는 여전하구나. 죽기 전에 단 한 번이라도 만나 볼 수 있다면 얼마나 좋을까.

그것도 잠시, 낭랑하게 들려주던 음성은 점점 멀어져만 간다. 안간힘을 다하여 잡으려 해도 어림도 없다. 부르는 노래의 박자는 힘이 빠지고 음정도 제자리를 찾지 못한다. 비단같이 부드럽던 숨소리는 회

오리바람 같이 가슴을 휘 젓는데, 빨라지는 가락이 마음을 자꾸만 흔들어댄다.

어느새 보랏빛 추억은 서서히 저물어 간다. 떠나보내는 아쉬움은 창공을 헤집으며 새떼처럼 몰려간다. 이 모양 저 모양으로 나에게 사랑을 꺼내주던 얼굴들은 아직도 남아서 아른거린다. 언제 쯤 이나 만나 볼 수 있으려나.

살아오면서 주는 것보다 받는 것을 더 좋아했다. 내 것은 감춰 놓고 남의 주머니만 쳐다봤다. 밭둑에서 저절로 크다시피 한 호박 한 덩이를 남에게 주면서 아까워했다. 상추와 풋고추와 아욱 등 별스럽지 않은 것들을 나누어주면서도 인색했다,

아내와 새벽기도를 마치고 돌아오는 길에 뒷동산 기슭에서 도토리를 주워 어려운 과정을 거치면서 묵을 만들었다. 척척한 이슬 속 풀 섶을 헤집고 햇밤도 주었다. 나도 먹고 남도 주자는 마음으로 시작했지만 막상 나누어 주려니 아깝다. 처음 교회에 나가면서는 헌금조차도 망설였으니 말하면 무엇 하랴.

아내가 건네는 한마디가 정곡을 찌른다.

"조금 줬을 뿐인데 뭐가 그리 아까워해요. 받는 것보다 주는 즐거움이 더 크다고 당신이 먼저 말해 놓고는…."

나이 들수록 입과 귀는 막고, 주머니는 열어놓으라는 말을 수없이 들었다. 내어주는 맛이 얼마나 좋은 건지 언제쯤이나 알아차릴 수 있으려나.

욜로와 소확생

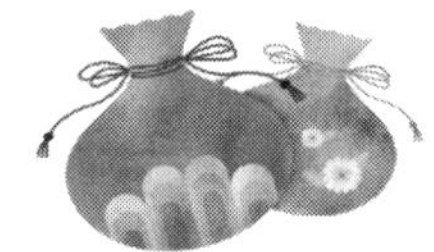

'욜로' 란 '단 한 번뿐인 인생(You Only Live Once)' 이란 것을 줄인 말이다. '현재 자신의 행복을 가장 중시하고 소비하는 태도' 를 뜻한다. 그러니까 지금 내 앞에 다가온 삶을 마음껏 즐기며 원 없이 살아보자는 의미가 담겨있다. 얼마 전부터 이런 분위기가 우리 사회를 압도한다.

아마 이런 의도에서 비롯되었을 것 같다. '한번 가면 다시 오지 않는 인생인데 아등바등하지 말자. 행복은 남이 주지 않는다. 사는 방식은 저마다 다르고 느끼는 감정 또한 제 각각이다. 내 맘대로 살면 어떠냐.'

현대인은 주위 사람과 앞날을 생각하려 들지 않는 편이다.

'나만 행복하면 된다. 맛있는 것 먹고 좋은 옷을 차려 입자. 머뭇거리지 말아야 한다. 지금이 바로 즐길 때다. 찾아 온 기회는 다시 오지 않는다. 내일 걱정은 접어두고 오늘만을 위해 살자. 누구 좋으라고 궁상떠는가. 세상 뭐라 해도 나밖에 없다.'

한 때 어느 사이비 종교인이 지구의 종말이 온다고 해서 온 세상이 떠들썩했었다. 산간벽지까지 바람이 불어 닥칠 정도였으니 알만하다.

'까짓 것, 움츠리지 말고 원 없이 즐겨보고 죽자.'

허리띠를 졸라매고 돈 한 푼, 쌀 한 되를 쥐어짜며 살아 온 터다. 어느 날 갑자기 천지개벽을 한다니 허망할 수밖에 없었나보다. 어차피 그럴 바에야 한풀이라도 해보자는 분위기였다.

어금니처럼 아끼던 문전옥답을 팔아치우고, 한 식구나 다름없는 가축들도 마구 잡았다. 그 후유증으로 병상에 누워버린 사람도 많았다. 왜 그토록 인생을 살아야 하는지 어린 나로서는 이해할 수가 없었다. 한 사람의 잘못된 한마디가 온 세상을 그렇게 만든 것이다. 저마다 막장 인생으로 떨어졌다.

"에라! 부어라 마셔라, 그까짓 것들 모두 다 때려 치자. 가자! 남해로 제주도로, 아니다, 미국으로 이탈리아로…."

세차게 굴러 떨어지는 바위 덩어리를 누구도 제어할 수가 없었다. 세상을 몽땅 훑어버리려는 광풍이 불어 온 셈이다. 헛소문이라는 사실이 입증 된 후로는 분노가 불길 같았다. 발을 구르고 땅을 치는 바람에 세상은 혼돈 속에 빠졌다. 거짓이 들통이 나니 엄청난 배신감을 벗어나기 어려웠다. 뼈아픈 후회도 감내해야 했다. 지금 또 다시 '욜로?' 곰곰이 따져 볼 일이다.

요즈음은 '소(小)확생'이란 말이 유행되고 있다. '작은 일들을 골라서 확실하게 실천하며 행복하게 살아가자' 라는 의미다. 맞다, 인생은 짧다. 1분 1초가 얼마나 아까운가! 혹시 '대(大) 확생' 으로 바꾸자는 이들은 없을는지? 어느 쪽에 속해야 좋을지 정답이 안 나온다. 함께 자취를 하던 중학교 후배가 찾아와서 이런다.

"형은 어려서부터 매사를 끝장 보려고 악착같이 덤볐어요. 시험공부 할 때면 쏟아지는 졸음을 이기려고 안간힘을 썼죠. 수건으로 고드름을 싸서 눈을 비비며 밤을 새우곤 했어요. 안질 때문에 고생도 많이 하더니….

당시 생각이 떠오르는지 다른 이야기로 이어진다.

"학비 걱정은 말할 것도 없고 점심까지 거르면서 쩔쩔매기도 했어요. 그런 와중에도 호주머니를 털어 책을 빌려다 보았어요. 나도 덤으로 덕을 봤죠. 밥 먹으면서도 책에서 눈을 떼지 않으려 해서 얼마나 미련해 보였는지 몰라요."

한 발짝 더 나간다.

"어느 날부터 뜬금없이 권투를 하고 싶다며 링 위에 올랐어요. 상급생들에게 얼마나 많이 두들겨 맞았는지요. 얼굴에 코피가 뒤범벅이 되었으면서도 끈질기게 쫓아다녔어요. 고교시절엔 도민체육대회에 출전을 했으니 아마 그래서 지금 힘들어 하는 것 같아요."

생각해 보면 '소확생'으로 치달아 온 것 같다. 일마다 밀어붙이면 낭패를 본다는 이치를 몰랐다. 이제야 친구들에 비해 육신의 건강이 나쁜 이유를 알겠다. 집안 어른께서도 이렇게 충고를 하셨다.

"몸조심하게. 자네도 나이 들었는데 너무 부지런 떨어. 자신을 힘들게 하면 몸이 먼저 반항을 하지. 그럴수록 병은 깊어진다네."

몇 군데 모임에서 젊은이들과 함께 하는 시간을 보낸다. 오십을 뚝 떼어 버리고 스물일곱 살이라며 겁 없이 나선다. 독종 이라는 별명이 붙은 것도 잊었나보다. 일주일 중 하루도 집에 붙어 있는 날이 거의 없다. 어쩌다 집에 머무는 날이면 안절부절못한다. 가족과 여가도 즐길 겨를이 없으니 필시 헛되이 사는 거다.

그런데도 여전히 볶아대니 내 몸이 투정한다.

"주인아! 못 견디겠다, 제발 쉴 시간 좀 줘라. 여기저기 뭉쳐있는 화덩어리가 언제 폭발할는지 모른다. 조심하고 잘 챙겨야 한다. 집착은 절대 사절이다. 맞다 '욜로' 만 하려들지 말아라. '소확생' 이 무슨 대수냐? 이제 그만 좀 해라."

어른의 시간

시간은 사람과 밀접한 관계가 있다. 인간의 욕구를 충족해 줄 수 있는 중요한 요소이기 때문이다. 이를 떠나서는 아무 일도 할 수 없을 뿐만 아니라 생존조차 불가능하다. 누구에게나 똑같게 부여되지만 사용 여하에 따라 행 · 불행이 갈린다.

내 앞에 남아 있는 시간을 헤아려 보는데 옆에 있던 친구가 맞장구를 친다.

"나이를 많이 먹다보니 남는 게 시간밖에 없어."

농담 반 진담 반으로 생각하고 웃어넘기지만 나도 예외가 아닐 듯싶다. 바쁜 일정에서 짬을 내어 즐기는 여유라면 모르겠다. 할 일 없어 겪게 되는 지루함이라면 바로 고통인 것이다.

퇴임 직전에 평소 존경하던 선배가 초대를 했다. 힘겨운 고비마다 바른 길로 인도해 주던 분이다. 식사를 대접해 주더니 '대학생 시리즈'라는 유머를 들려주었다.

"자네도 사회에 나오면 대학생이 되어야 하네. 하루 종일 와이프 궁둥이만 따라다니는 하와이 대학생, 방구석에 콕 처박혀 사는 방콕대학생, 동네 경로당만 들락거리는 동경대학생, 할 일도 없는데 바쁜 척하는 하버드 대학생…."

덩달아 웃다가 어느 쪽을 택하겠느냐고 묻는 바람에 얼떨결에 응답했다.

"형님! 저는 예일 대학생이 될래요. 예전처럼 열심히 일하고 싶으니까요."

나름대로 시간을 뜻있게 보내겠다고 다짐하는 계기가 마련되었다. '오늘은 어제 죽은 이가 그토록 바라던 시간이다.' 라는 말처럼 아껴가며 일하려고 노력한다.

평생 동안 초 · 중등 학생들을 가르치는 일에 종사하다가 퇴임했다. 곧바로 대학 강단에 서는 행운을 얻었다. 청년들 속에서 활기차게 생활하던 추억들이 이따금 더듬어진다. 학기가 끝날 무렵 제 여자 친구까지 점심을 사달라고 응석을 부리던 학생이 전화를 한다. 중소기업의 대리가 되었다며 자랑한다.

수업시간에 토론을 주도하던 여학생은 육군소위로 임관했다며 숨이 가쁘게 전화한다. 정겨운 사연과 함께 군복차림의 멋진 사진도 보내온다. 스승의 날 수줍어하며 가슴에 꽃을 꽂아준 아이는 결혼한다고 청첩장을 보낸다. 어느 날 갑자기 경찰관 차림으로 나타나 의젓하게 경례하는 모습도 믿음직스럽다.

나 혼자만 이런 제자들을 둔 양 어깨를 으쓱거린다. 가르칠 당시는 물론이고 지금까지도 즐거움을 누릴 수 있게 해 주는 제자들이 자랑스럽다. 소유한 시간을 사람들에게 나누어주다 보면 함께 기쁨을 누릴 수 있을 거다.

「나는 끝까지 현직으로 살고 싶다.」는 책을 읽자니 빨려 들어가는 느낌이다. 그런 마음으로 살아가고 싶다. 이를 소재로 '마음과 영혼의 치유' 란 주제로 강의를 한다. 문답형식의 수업을 진행을 하다보면 흥미롭다. 진지하게 임하는 청중의 힘찬 박수를 받노라면 용기가 솟아오른다. 시청각자료를 만들어 원거리를 달려가는 등, 힘든 과정을 거치지만 투자한 시간에 비해 얻어지는 기쁨이 훨씬 크다.

마치고 나오려는데 어떤 여자가 다가와서 손을 잡는다. 걸핏하면 화를 내는 남편에게 꼭 전하고 싶다며 떼를 쓴다. '화를 잘 다스리는 법' 에 대한 강의 원고를 복사해 달라는 부탁이다. 어이없으면서도 아무나 경험할 수 없는 일이어서 보람을 느낀다.

은퇴 후 틈틈이 시간을 내어 문장작법을 배우고 쓰는 즐거움을 누린다. 젊어서부터 하고 싶었던 일이지만 하루를 25시로 사느라 엄두도 못 냈다. 몇 권의 수필집을 펴낸 덕분에 장애인들에게 '자서전과 수필쓰기'를 가르친다. 시작할 때마다 토론을 하다보면 속 깊은 마음을 읽게 된다. 중풍에 허리까지 수술했다는 이의 호소가 비통하다. 가족들이 하는 말이 황당해서 어쩔 줄 모르겠단다.

"우집은 가장은 있는데 남편은 없다"

"우리 집은 가장은 있는데 아버지가 없다."

사랑하는 가족에게 치욕적인 질책을 받은 뒤로는 살아갈 의욕이 없어졌단다. 말 못할 서러움을 글로라도 털어놓고 싶다며 얼굴이 일그러진다. 써 온 글을 울먹이며 읽어 가니까 휠체어를 타고 듣고 있던 아낙도 눈물을 훔친다.

스물여섯 청년은 말씨가 어눌해서 어려서부터 지금까지 '찌지리' 라며 놀림을 받아왔다고 한다. 서러움을 글로라도 풀어내고 싶다는 당찬 포부가 갸륵하다. '문학' 이란 단어 자체를 대하기가 두려웠는데 차츰 의욕이 생긴다는 중년남자의 말에 자신감이 붙었다. 시간을 헛되이 보내지 말라는 충고로 다가온다.

이번 학기에는 보탬이 될까 해서, 웃음지도와 감정 코칭에 관한 공부를 했다. 참여하게 된 동기들이 다양하다. 절룩거리는 다리로 중증환자의 대소변 시중까지 들어 준다는 남자는, 작은 기쁨이라도 보태주려고 시작했단다. 황혼 길에 들어섰음직한 여자는 불우시설을 돌며 웃음을 선사하겠다고 다짐한다. 나 또한 강의 도중에 많이 활용한다. 저마다 주어진 시간을 값지게 활용하려는 모습이 보기에 좋다. 나도 이제 어른이 되어 가는가 보다.

'하루에 새벽은 두 번 다시 오지 않는다.' 는 말이 있다. '시간은 보석이며 인생을 만드는 중요한 재료' 라는 뜻이다. 촌음을 아껴가며 좋은 일에 투자하는 것이 온전한 어른의 자세일 거다. 어른이면 다 어른인가, 어른답게 시간을 살아야 어른이지. 그렇다. 나는 예전처럼 값지게 일할 수 있는 '예일 대학생' 이 되고 싶다.

'어른의 시간'을 어떻게 활용해야 하는지를 깨우쳐 준 선배에게 감사드린다.

작은 도움, 큰 기쁨

"아니, 교장선생 아뉴", "왜 그렇게 오래 안 왔슈. 보고 싶었는데."

"나도 그랬슈. 어디 아펐슈?"

내미는 손들을 잡으며 둘러보니 낯익은 얼굴들이다. 얼굴이 새까맣게 타고 쪼글쪼글하다. 머리가 허연데다 듬성듬성 빠져나간 이들을 보니 울적해진다.

10여 년 전, 소그룹 모임에서 오지 섬마을 사람들을 돕자는 의견을 모았다. 열다섯 할머니들뿐인 교회를 택했다. 의료와 미용 팀을 꾸려 10년여 간 봉사활동을 해왔는데 사정에 의해 중단되었다.

첫 번째 방문을 했을 때 할머니가 하던 당부가 생각이 난다.

"선생님들 해마다 꼭 오세요.",

"그래요. 여러 봉사 팀이 다녀가지만 한두 번 오고 말아요."

설교가 시작되었다.

"준비하라! 김치를 다음해까지 먹을 수 있게 하기 위해서는, 간을 맞추어야 잘 보관해야 합니다. 천국에 가기 위해서는 열심히 일해야 합니다. 아기가 태어나기 위해 깜깜한 뱃속에서 열 달을 준비하듯이 우리도 100년을 준비해야 합니다….”

반가워하는 분들과 이야기꽃을 피운다. 안 보이는 이들의 안부를 물으니 고추를 따고 조개도 캔단다. 3년 전에 90세 가 넘은 어른은 미용 의자 앉아 이런 말을 했었다.

“이번이 마지막 파마가 될 것 같아. 예쁘게 해줘.”

수심이 깊은 표정이었는데 한 달 전에 하늘나라로 떠났단다. 굽은 허리 때문에 힘겨워 하고 무릎을 절룩거리던 할머니 둘도 그 곳에 갔다니 안타깝다.

식사 팀이 준비한 점심을 먹으며 이야기꽃을 피운다. 장난기 많은 분이 정색을 하더니 걱정과 자랑을 늘어놓는다. 꼼짝 못하고 집에만 누워있는 영감이 불쌍하다고 한숨을 지으면서도 서울로 간 자식자랑에 열을 올린다. 앞 못 보는 아낙은 내 팔을 잡아끈다. 닭다리를 쥐어주며 하는 말에 한숨이 서렸다.

“그동안 잘 살았는데, 이제는 아픈 데가 자꾸 늘어요. 어서 죽었으면 좋겠어요.”

전기 다루는 기술자는 몸이 성치 못한데도 까마득한 전봇대와 처마 위를 생쥐가 알밤 나르듯 잽싸게 오르내린다. 새벽 3시에 도착한 중노인은 예초기를 걸머지고 진입로 풀을 깎더니, 이튿날도 새벽부터 일어나 장판을 깔고 청소를 한다.

회계를 담당한 이는 꼼꼼히 일을 잘 처리하면서도 돌아다니며 힘든 일을 거든다. 나이답지 않게 매사에 솔선수범하는 청년도 쉴 겨를이 없다. 파키스탄 선교를 계획하고 있는 선교사는 사전 연습을 하려는지 밀짚모자를 푹 뒤 집어 쓰고 쉴 사이 없다.

콘크리트 작업팀은 팔다리를 걷어 부치고 모래와 시멘트를 섞어 비빈다. 땀을 철철 흘리면서도 뭐가 그리 좋은지 연방 껄껄거린다. 키 큰 청년은 땅벌을 만나 백마고지 전투처럼 실랑이를 벌인다. 땀을 뻘뻘 흘리면서 공격과 반격을 되풀이하고 나서는 웃자란 풀을 깎는다. 허리가 불편하면서도 흥얼거리며 도랑치는 노인도 대단하다.

시골 아낙처럼 흰 수건을 머리에 두르고 쪼그리고 앉아, 잡초를 뽑느라 구슬땀을 흘리니 아름답다. 풀을 잡아당기느라 안간힘을 쓰는 초등학생도 신통하다. 섬세한 솜씨로 벽에 맞추어 벽지를 자르고 능숙하게 발라대는 개그맨(?)은, 웃음보를 모두 내다 버렸는지 자못 심각한 표정이다. 땡볕 마당에 앉자 종이에 풀칠을 해서 창문으로 넣어주는 고등학생도 열심이다.

재깔거리는 아낙네들의 음성은 동그라미를 그리며 멀리멀리 번져나간다. 화덕에서는 여대생들이 노인들 대접하려고 생선을 굽느라 여념이 없다. 얼굴이 벌겋게 달아올랐는데도 마냥 즐거운 표정들이다. 김이 펑펑 나는 솥에서 곰국을 퍼 나르는 발걸음도 가볍다.

승선시간이 임박해서 평가회를 갖는다. 힘든 작업이었지만 보람 있었단다. 더욱 효율적인 방안을 모색해서 다시 오자는 얼굴에는 굳은 다짐이 서렸다. 이곳 담임목사는 교회부지 매입과 건축에 따른 인적 · 물적으로 역부족이라며 기도해달란다.

딸의 말을 듣고 먼 곳에서 달려 왔다는 70대 여인은, 옛날 유행가를 구성지게 부르며 무거운 분위기를 반전시키려 든다. 일행을 웃는 낯으로 맞고 교회와 숙소와 포구로 운행을 해 준 펜션 주인은 여전히 싱글벙글한다.

부둣가에서 어깨동무하고 사진을 찍는다. 기승을 부리던 무더위를 바다 속으로 빠뜨리고 싶다. 뿌우웅~~ 우리를 태울 뱃고동이 울린다.

두 손을 모으고 기도드린다.

"먼 곳 섬마을, 취약한 오지 교회로 저희들을 불러 주셔서 감사합니다. 더운 날씨에 매우 힘든 작업 가운데도 섬김의 기쁨을 선물하신 하나님! 감사합니다."

쭈그러든 할아버지의 애잔한 모습이 파도를 타고 달려온다. 온몸이 얼굴이 쪼그라들고 까맣게 타버린 할머니들도 따라온다. 성전 건축을 하겠다는 야심 찬 포부를 밝히던 목사님의 음성도 쟁쟁하다.

뱃전에서 서서 종이비행기 양 날개에 내년에도 꼭 찾아 갈 것이라는 다짐을 적는다. 머리위에 맴도는 갈매기들 편에 날려 보내드려야겠다. 쓸쓸하게 지내실 할머니들을 다시 만날 생각을 하니 마음은 다시 섬마을로 달려간다. 어쩌면 작은 도움일지 모르지만 큰 기쁨이 되어 돌아오니 기분 좋다.

귀가하자마자 가족들에게 개선장군처럼 자랑을 늘어 놓는다.

"정말 즐겁고 보람이 있었어. 내년엔 꼭 같이 가자."

우리는 지금 왜 울어야 하나

처절하게 울어야 할 때다. 곳곳에서 무너지는 소리가 요란하다. 가정이 분산되고 학교가 흐트러지며 사회가 황폐화 되고 있다. 남편과 아내가 사소한 갈등으로 크게 다툰다. 평생 지켜야할 정절의 의무를 저버리고 이혼한다. 아들이 어머니를 때리고 아버지가 딸을 죽였다는 기사는 슬픔을 넘어 두렵다.

스승은 그림자도 밟지 말아야 한다는 교훈은 사라진 지 오래다. 학생이 교사를 구타하는 지경에 이르렀으니 말이 아니다. 교원들 절반 이상이 교직에 발을 들여 놓은 것을 후회한다니 어쩌면 좋단 말이냐. 두 다리 뻗고 땅을 칠 노릇이다. 제자 사랑은커녕 아이들에게 보여서는 안 될 일을 한다. 스스로 교권을 추락시키고 있으니 개탄스럽다.

초·중등학교에서는 대학 진학에만 매달리고 있지만, 대학입시는 여전히 지식위주로 판가름한다. 사교육의 폐해는 눈덩이처럼 커져 간다. 책임을 두고 가정과 학교와 사회는 쇠똥구리처럼 떠밀기만 한다. 앞장서야 할 정부는 그저 손을 놓고 있으니 어찌해야 좋단 말이냐.

여기저기 무너지는 소리가 요란하다. 인도의 지도자 간디는 일찍이 사회악을 경고했다. 이제는 그 도를 넘어 건잡을 수가 없다. 땀 흘리지 않고 편법으로 부를 축적하는 것을 자랑으로 삼는 세상이다. 거드름 떠는 재산가들을 부러워하며 너도나도 투기와 사기행각에 머리를 둔다. 약한 자들에게 갑질하는 악덕 기업인들의 횡포가 날로 늘어간다. 귀족노동자라는 말이 등장할 정도로 노동 현장은 말이 아니다. 하루가 멀다하게 극한투쟁에만 벌이고 있으니 이 나라의 앞날이 막막하다.

음주와 마약과 성폭행 등을 무분별하게 저지르는 쾌락주의자가 속출한다. 인격을 제대로 갖추지 못한 고학력자들도 마찬가지다. 체득한 지식을 남용하면서도 여전히 영예를 누리고 있으니 한심하다. 각종 공해를 발생시켜 살아가기 힘들게 만들고 핵폭탄 경쟁에 세상은 공포에 떨고 있다. 인간의 존엄성을 파괴하는 과학자들은 마땅히 규탄을 받아야 하지만, 오히려 추앙을 받고 있음은 비난받아 마땅하다.

인공지능이 제조되어 세간의 화제가 되고 있다. 기능이 약한 것은 그런대로 조종할 수 있지만 고성능화되면 인간을 지배하게 된다는데 어쩔 건가. 우리가 만든 로봇이 뒤돌아서 총을 겨누게 된다니 자다가 죽음을 당할지도 모른다. 공해로 인한 혹한과 맹추위 얼마나 괴롭히려나. 모두가 사람이 저지른 일이라며 자연이 복수의 칼을 갈 테니 두렵기만 하다. 사회의 빛과 소금이 되어야 할 지도자들마저 현실에 안주하려 한다. 너나 할 것 없이 세상을 흔들어 대고 있으니 할 말을 잊어버렸다.

우리 세대는 살만큼 살았다 치자. 어지러운 세상을 살아가야 할 아이들의 미래가 걱정이다. 어찌 가만히 앉아 있을 수 있으랴! 모두들 곳곳을 무너뜨린 장본인임을 자각하고 용서를 빌어야 한다. 허물어진 세상을 바로 세워야 할 사람은 바로 나다. 현실을 똑바로 바라보고 눈물을 흘려야 한다. 더 이상 극한상황에 몰리기 전에 간절히 염원하자.

석가모니는 중생의 고통을 생각하며 통한의 눈물을 흘렸다. 예수 그리스도도 십자가의 죽음을 앞에 두고도 고통 받을 우리들을 위해 울부짖었다. 조상들도 지하에서 혀를 차고 있을 거다. 고난의 세월을 살아갈 후대들이 걱정되어서 그러는 것이다. 두 주먹을 쥐고 외쳐본다.

"형제들이여! 지금은 험난한 미래를 살아갈 자녀들을 위해, 처절하게 울어야 할 때입니다."

이것이 바로 오늘을 살아가는 우리들의 사명이다.

부부 롤 모델

육촌 동생이 어머니가 위독하다며 급한 음성으로 전화를했다. 달려가서 응급실 내부를 들여다본다. 흰 가운 차림의 의사가 나오는 순간 재빨리 들어서는데, 간호사들이 우르르 달려와 두 팔로 가로 막는다. 손을 비비며 사정을 해도 소용이 없고, 탱크처럼 밀고 들어가려해도 당해 낼 수가 없다. 면회는 규정대로 두 시간 후에나 가능하다며 빨리 나가란다. 아무리 그렇다 해도 이대로 물러설 수는 없다. 그토록 좋아했던 분이라 빨리 뵙고 싶어서다.

간호사에게 음성을 낮추고 손짓 발짓하며 졸라댄다. 어이없다는 듯한 표정을 짓더니 대기실에서 기다리란다. 잠시 후 들어가 보니 산소 마스크를 쓴 채 미동도 않는다. 설마 했는데 의사 진단대로 세상을 떠나셨나보다.

"눈 좀 떠 보셔요. 저 왔어요. 남식이!"

제지하는 바람에 한 발작 뒤로 물러서려는데 사르르 눈을 뜨는 것 같다.

"아이고, 당숙모! 저요 저, 남식이…."

잠시일 뿐, 힘없이 고개를 떨어뜨리더니 양손마저 털썩 내린다. 더

빨리 달려 올 걸 , 후회를 하지만 때는 이미 늦었다.

6.25당시 어린 몸으로 이북에서 피란을 나오셔서 가난한 우리 집안에 시집을 오셨다. 시어머니를 비롯해서 5남매 가족이 한 집 살림을 하느라 고생이 많았다. 힘든 과정을 잘 견디며 별다른 내색을 않고 조용히 살았다.

평소에 하는 언행 하나 하나가 보통 사람과는 다르다. '말은 영혼을 다스린다.' 는 말이 실감날 정도다. 언제나 낮은 톤으로 사근사근 말씀하신다. 엉뚱하게도 손아래 조카인 내게 존대말을 사용한다. 그러면 안 된다고 강권을 해도 굽히지 않는다. 심지어 당신 아들 친구에게까지 그랬다니 어떤 분인지 짐작할만하다. 험담이나 막말은 아예 입에 담지도 않았을 분만 아니라 항상 예의 바른 언행으로 일관하셨다.

어릴 때부터 믿음생활을 했기에 그런 것 같다. 매일 새벽부터 기도를 시작으로 하여 진실한 신앙심으로 이어 왔다고 한다. 오직 정결한 마음으로 평안을 즐기며 지냈다. 어려움 속에서도 마음을 흔쾌히 나누어 주며 불우이웃을 돕는데 앞장섰다. 힘들고 괴로워하는 이들에게 온정의 가슴으로 대하셨으니 존경할만하다.

슬픔에 잠긴 이들을 위로해 주며 같이 기도하고, 고통을 받는 이들을 위해서 눈물을 흘렸다. 늘 사랑하는 심정으로 지내 오시다가 발병한지 딱 사흘 만에 86세를 일기로 떠나셨으니 최고의 복을 누리 셨다고 할 수 있다.

아들이 영전에 올리려고 작성했다는 글이 심금을 울린다. 본인이 차마 직접 읽어내려 갈 수 없어 손자가 대신한다.

'어머님 영전에 올려드립니다.

행복을 전해주는 개나리와 진달래가 꽃을 피우기 시작했는데, 이게 웬 청천벽력입니까, 어머니!…. 하양, 빨강 목련들이 당신의 치마폭을 부여잡고, 애통해 하는 모습이 보이지 않나요? 평생을 믿음의 향기로 저희 5남매를 보듬어주시더니, 지금도 저희들 가슴을 눈물로 흥건히 적시는군요. 당부하시던 대로 우애를 생명처럼 지키겠습니다. 이제 아름답고 평화로운 곳에 가셨으니 저희들 걱정 마시고 편히 쉬세요.

어머니! 사랑합니다. 많이, 아주 많이요. 어~머~니!!!….'

장례 일정을 마치고 집으로 향한다. 길양쪽에 줄지어 서 있는 알록달록 수줍어하는 꽃잎 처녀들이 울상이다. 파란 하늘을 향해 손사래 치던 연초록 총각나무들도 잠잠하다. 뭉게뭉게 솜털 구름이 이 어른의 영혼을 포근하게 감싸주는 것 같다. 옆 좌석 아내도 자꾸만 울먹여서 마음을 아리게 한다. 건네는 말을 들으니 평소 얼마나 존경했는지 짐작이 간다.

"정말 훌륭하셔요. 단 3일만 편찮으시다가 평안하게 가셨으니 최고의 복을 누리신거죠. 그렇게 될 수 있다면 얼마나 좋을까요. 우리도 열심히 노력해요."

당숙 어른도 본받고 싶은 분이다. 겪어 본 사람마다 사나이 중의 사나이라 부른다. 훤칠한 키에 떡 벌어진 가슴과 울퉁불퉁한 근육은 내가 보아도 멋지다. 부리부리한 눈매와 높은 코, 다부지게 생긴 입도 남자답다. 동네 처녀들의 흠모의 대상이 될 수밖에 없었을 거다.

평소 말씨나 행동도 그에 못지않았다. 확실한 발음으로 맺고 끊는 말씀은 상대를 끌어당기고도 남는다. 한 번 마음먹었다 하면 달성될 때까지 무섭도록 달린다. 불의를 보면 물러나지 못하고, 약자 편에 서서 바로 잡으려고 물불을 가리지 않는다. 인정도 많아서 어려운 사람을 보면 그냥 지나치지 못하고, 소중하게 아끼는 것까지 기꺼이 내어주신다. 때문에 주위에 많은 사람들이 모여들었을 것이다.

성품에 걸맞게 귀신도 잡는다는 해병대에 입대했다. 멋진 팔각 모와 얼룩무늬 전투복, 상륙전에 순발력을 발휘할 수 있도록 버튼이 달린 군화는 눈길을 끌만했다. 특유의 보폭으로 걷는 동작과 칼로 끊는 간결한 구령은 부러움을 사고도 남았다.

휴가를 나와서 논둑 끝자락 연못에서 고기를 잡던 위풍당당함이 지금도 눈에 선하다. 어디서 구했는지 수류탄을 뽑아 어깨 위로 던지며 포효하는 바람에 간담이 서늘했다. 활화산처럼 치솟아 오르는 물줄기를 바라보며, 개선장군처럼 만세를 부르시던 위용은 대단했다. 전쟁사에 길이 빛나고도 남는다는 도솔산 전투에 참여하여 전무후무한 전과를 올렸다.

당시의 무용담은 개구쟁이들에겐 신기로움을 넘어 우상의 대상이 되기에 충분했다. 마치 내 자랑인양 어깨를 으쓱거리고 호들갑을 떨었다. 용기를 내어 호기심에 찬 질문을 하면 머리를 쓰다듬으며 이렇게 말씀을 하셨다.

"그만 물어 이 녀석아! 그렇게 궁금하거들랑 너도 해병대에 가 봐라. 힘들기는 해도 좋을 거다."

이런 매력 때문에 나도 뒤를 따랐다. 몸맵시나 행동하는 모습이 나의 아버지를 많이 닮았다 해서 더욱 그랬던 것 같다. 엄동설한에 진해만 바다 속을 밤낮으로 드나들며 뼈를 깎는 훈련을 이겨냈다. 임진강 하구에서 적군을 코앞에 두고 긴장 속에서 보냈지만, 무사히 마칠 수 있었던 것도 그분의 은덕이리라. 인생 고비마다 굳건한 투지와 강한 추진력으로 헤쳐 나갈 수 있었음은 결코 우연이 아니다.

시골에서 사시다가 몸이 심히 불편해서 대전으로 이사를 오셨다. 부축해서 보문산과 동학사, 유성온천 등지를 모시고 다닐 때마다 이러셨다.

"야! 참 시원하다. 방안구석에만 박혀 있으니 죽을 것만 같더니 참 좋네. 조카, 고마워! 자주 데리고 나와 줘."

나이가 많이 드셨는데도 군가를 우렁차게 부르신다. 나도 따른다.

"우리들은 대한의/ 바다에 용사/ 충무공 구국정신/ 가슴에 안고/ 나가자
서북으로/ 푸른 바다로/ 조국 건설 위하여/ 대한 해병대."

인생 끝까지 씩씩하면서도 멋지게 살다가 떠나셨을 때는 많이 울었다. 임종을 지켜 본 동생은 이런 말을 했다.

"아버지께서는 평소에 살아오신 것처럼, 당당하고 화끈함을 보여주고 떠나셨어요. 형님! 좋은 곳에 가셨으니 너무 슬퍼하지 마세요."

얼마나 멋진 마무리를 하셨는가. 우리 내외도 그런 복을 받을 수 있으면 좋겠다.

그래! 두 분처럼 잘~~살자, 그래야 잘~~죽을 수 있다고 하지 않던가.

뒷모습도 아름다워라

인생의 마지막 순간을 목전에 두었다면 어떤 말을 남겨야 할까? 이렇게만 할 수 있다면 더 이상 바랄 것이 없겠다.

"착하게 마음을 흔들어 주는 이들을 따라가려고 나름대로 노력을 했노라."

행실이 바르고 좋은 일을 하는 사람은 발뒤꿈치도 예쁘다고 했던가. 뒷모습이 아름다운 여인이 여기 누워있다. 영정사진의 곱디고운 얼굴에 사랑스런 눈빛과 해 맑은 미소가 다가온다. 사랑하는 남편과 준수한 두 아들을 바라보는 시선을 쫒다보니, 금방이라도 뛰어나와 내게 손을 내밀 것 같다.

평소 건네는 말마다 반듯하면서도 다정했는데 다시는 들을 수 없게 되었다. 얼마 전에는 힘겨워 하면서도 애써 미소를 지었다. 오히려 내 걱정을 해줘서 고마웠는데 이렇게 일찍 떠나가다니 안타깝다. 생사를 넘나드는 투병과정에서도 기도했다니 놀랍다.

"하나님! 사랑해요. 곁에서 지켜주시니 언제 죽어도 괜찮아요. 사랑이 충만하신 주님께 갈 테니까요…."

삼우제가 지난 후 밴드에 올린 남편의 글이 감동을 준다.

'많은 분들이 당신 보고 천사라며 칭찬을 해 주었어. 생각해 보니 그럴 만도 해, 어려운 사람들을 앞장서서 도와주곤 했으니까. 나도 앞으로 그렇게 살았으면 좋겠어, "한 알의 밀알이 새로운 생명의 싹을 틔우게 하듯이…." 라고 염원하던 당신이 생각나는 군. 여보, 너무 보고 싶어. 사랑해!'

누구나 사랑을 주고받으며 살고 싶어 하지만 그녀는 특별했다. 일찍이 대학을 졸업하고 국가연구기관에서 일해 온 유능한 인재이다. 분주한 와중에도 가족은 물론이고 시댁과 친정 식구들, 그리고 주위 사람들을 정성껏 보듬어 주었다.

오래 전부터 '실로암' 이라는 공동체에서 인연을 맺고, 서로가 마음을 나누며 살아 온 터라 깊은 정이 들었다. 정기적으로 만나서 서로가 가정문제를 상의해왔다. 삶과 영혼의 문제에 대해 대안을 제시하고 토론하며 봉사활동도 펼쳤다.

함께 선교활동을 하러 갈때 나를 보고 빙그레 웃으면서 이런 말을 건넸다.

"멀고 험한 길인데도 해마다 참여하시니 대단하세요. 사람들이 선생님을 젊은 오빠라 부르는 이유를 알것 같아요. 연세답지 않게 적극적으로 사시니까요."

별로 하는 일없이 뒤따라만 다녔을 뿐인데, 분에 넘치는 칭찬을 해 주니 겸연쩍다.

질화로 같은 한여름 뙤약볕이 사정없이 내려 쬔다. 수건을 쓰고 나선 모습이 꼭 시골 마을 아낙네 같다.

웬만한 일은 해 내지 못할 것 같은 여린 몸인데도 시원스럽게 처리

한다. 주변의 잡초를 뽑고 노인들을 대접할 닭죽을 끓인다. 얼굴이 벌겋게 달아올라 땀을 뻘뻘 흘리면서도 일곱 살 소녀처럼 환하게 웃는다. 번득이는 유머로 팀원들에게 신바람을 불러일으켜 주기도 하고….

평소 불우한 이웃을 위해 쏟은 희생은 갸륵했다. 고아들을 돌보고 독거노인을 공경하는 등, 이런 일 저런 일을 하기 위해 많이도 뛰어 다녔다. 이를 두고 '하늘이 보낸 천사' 라고 부르는 것이 마땅하지 않은가. 갓난아기처럼 미소 짓는 사진을 바라보자니 차마 고개를 돌릴 수가 없다. 거룩한 천사를 영영 볼 수 없게 되었으니 안타깝다.

문득 이런 마음이 든다. '나는 지금, 어디로 가고 있는가.' 죽음은 견뎌내기 가장 힘든 인생 최고의 과제라 했다. 누구나, 언젠가, 반드시 겪어야 할 숙명이다. 생의 마지막이 아니라 영혼을 위한 새로운 출발이기도 하다. 한탄만 할 것이 아니라 대비할 방법을 찾아내어 가치 있게 살아가야 한다.

이 여인은 누구나 당면 할 수밖에 없는 문제를 어떻게 풀어가야 할지를 행동으로 가르쳐 주었다. '사랑을 실천하여 가치 있게 살면 아름답게 떠날 수 있다' 는 이치다. 늘 화사한 웃음으로 다가오더니 떠가는 뒷모습도 사랑스럽다. 천상병 시가 떠오른다.

귀천

나 하늘로 돌아가리라/새벽빛 와 닿으면 스러지는/
이슬 더불어 손에 손을 잡고/ 나 하늘로 돌아가리라/
노을빛 함께 단 둘이서/ 기슭에서 놀다가 구름 손짓하면은/
나 하늘로 돌아가리라/아름다운 이 세상소풍 끝내는 날/
가서, 아름다웠더라고 말하리라/

보람되게 살더니 떠나가는 모습도 아름답구나. 사랑합니다, 거룩한 천사여!

아름다운 마무리

'내 인생에 가을이 오면/ 나는 나에게 어떻게 살았느냐고/ 물어보겠습니다.
나는 그 때/ 사랑을 많이 하며/ 행복하게 살았노라고/ 말하겠습니다.'

읊어가다 보면 저절로 탄성이 나온다. 이런 노래도 있다.

'똑~옥~, 똑~옥~, 구두소리 어딜 가시나/
한 번쯤 뒤돌아 볼만도 한데/ 발걸음만 하나 둘 세며 가는지/….'

어느 여인이 물찬 제비처럼 사뿐사뿐 걸어간다. 앞모습을 상상하며 재빠르게 앞지른다. 힐끗 쳐다보니 이제까지 본 추녀 중에서 으뜸이다. 유명정치인의 외동딸이라는 사실이 의아하다. 불우한 사람들을 돕고 있다고 전하는 말이 더욱 놀랍다. 겉보다는 속이 훨씬 예쁜 사람이다.

너나할 것 없이 학벌이 출중하고 사회적 지위가 높거나 경제사정이 넉넉한 사람을 부러워한다. 그런 사람이 잘못된 언행을 하면 크게 실망한다. 그럴 때면 나는 어떻게 살아왔는지 스스로 묻게 된다.

누구든 좋은 것을 얻어 마음껏 누리기를 소원한다. 아무나 그런 복을 누리기는 쉽지 않다. 오래 사는 것을 수(壽), 많은 재산을 갖는 것을 부(富), 몸이 건강하고 마음이 편안한 것을 강녕(康寧), 도덕을 지키기를 낙으로 삼는 일을 유호덕(攸好德)이라 한다. 제명대로 살다가 평안하게 죽는 것이 고종명(考終命)이다. 오복(五福) 중 최고로 친다.

너나 할 것 없이 고종명을 누리고 싶어 하지만 쉬운 일은 아니다. 진시황은 몸에 좋다는 건 다 먹으려고 사방팔방 쫓아 다녔어도 단명했다. 뼈를 깎다시피 해가며 애써 모은 재산을 제대로 써보지도 못하고 한 순간에 날려 버리는 경우가 허다하다.

수단 방법을 가리지 않고 쟁취한 권력이나 명예를 화무십일홍(花無十日紅)에 비유한다. 선한 일로 사회의 귀감이 되었으나 유혹에 빠져 신세를 망치는 경우도 있다. 큰 죄를 범함으로써 한꺼번에 나락으로 떨어진다.

제 아무리 애를 써 봐도 오복을 성취하는 일은 그리 쉬운 일이 아니다. 설사 수(壽), 부(富), 강녕(康寧), 유호덕(攸好德), 이 네 가지 복을 다 누렸다손 치더라도, 세상을 떠날 때의 모습이 추하면 모두가 허사가 된다. 죽는 복이 최고라고 강조하던 학자가 스스로 목숨을 끊었다는 소식은 우리를 허탈하게 만든다. 죽음의 문턱에서 뒷모습이 아름다워야만 가치 있게 살았다고 볼 수 있다. 고종명(考終命)을 누리려면 사랑을 많이 해야 한다.

무엇보다도 자신을 사랑해야 한다. '천상천하유아독존(天上天下唯

我獨尊)' '하늘 위와 하늘 아래에서 오직 내가 홀로 존재한다.'는 뜻이다. 대형마트의 주인은 고객에게만 관심이 있고, 아르바이트 대학생은 자기를 최우선으로 꼽는다. 젊은 판사가 15세 소녀 범에게 "이 세상에서 내가 제일 잘 났다."라고 외치게 하고 풀어 준 판례를 기억하자.

자신을 사랑하려면 먼저 육체를 잘 관리해야 한다. 부모가 낳아 주었지만 따지고 보면 마음대로는 할 수는 없다. 정화수를 떠 놓고 몇날 며칠을 빌어도 생명의 잉태는 원하는 대로 안 되고, 아들이나 딸도 바라는 대로 얻을 수가 없다. 모두가 우리를 이 땅에 보낸 신의 능력이라고 말할 수박에 없다.

전신에 명령을 내리는 140억 개의 대뇌와, 몸을 움직이게 하는 206개의 뼈와 600개의 근육이 없이는 단 하루도 살수 없다. 피 속의 백혈구 1그램에 1만개나 되는 전투병은 호시탐탐 노리는 병균들을 향해 총을 겨누고 있다. 성교 1회 시, 3억-5억 마리의 정자와 30만 개의 생산된다. 무서운 경쟁 끝에 가장 우수한 것 하나씩만 결합하여 생명이 잉태되는 것이다. 우주의 신비스러움이다.

여왕벌은 수태를 할 시기가 되면 높은 하늘로 올라간다. 쫒아오던 수많은 수벌들은 더 이상 버티지 못하고 모두 죽어버린다. 마지막 남은 가장 강한 한 마리와 교미를 하여 알을 낳게 된다고 한다. 신의 선물로 기적적으로 태어난 육체를 자기만의 것인 양 함부로 하면 죄를 짓는 것이다.

튼튼한 신체적 바탕 위에서 마음을 사랑해야 한다. 소크라테스는

'너 자신을 알라' 했다. 도둑처럼 다가오는 온갖 상처와 고통과 외로움을 슬기롭게 비켜가도록 힘써야 한다. 자칫 잘못하면 덧없이 살다가 흐트러진 모습으로 생을 마감하게 된다.

독수리가 늙어지면 스스로 부리와 발톱을 뽑아낸 후, 새로 나온 것으로 60년을 더 산다고 한다. 아름다운 진주가 조개의 속살이 모래에 찢기어 나온 진액이라는 사실이 놀랍다. '고통 없는 인생은 삶의 의미 없다' 라고 하고 '상처는 스승' 이라고도 한다.

정호승 시인이 노래한 구절들이 외로움을 쫓아내는 것 같다.

외로우니까 사람이다

외로우니까 사람이다/ 종소리도 외로워서 울고/ 새들도 외로워서 운다/
산 그림자도 저녁이면/ 외로워서 마을로 내려온다/
하나님도 외로워서/ 눈물을 흘리신다/

인생을 평화롭게 마치려면 영혼을 사랑해야 한다. 누구나 죽음을 안고 태어난다. 어린 손자의 손을 잡고 초등학교 운동장을 산책하는 도중에 사랑스러워서 꼭 껴안았다. 입학식 때 꽃다발을 안겨 준다며 보듬어주니까 뜬금없이 하는 말이 황당하다.

"할아버지가 그 때까지 안 죽어?"

생각해보니 틀린 말이 아니다. 선진국에서는 어린 아이들을 일부러 장례식에 데리고 가서 일부러 시신을 보여준다고 한다. 일찍부터 체험시켜 미리 준비를 하라는 의도란다. '죽음'이란 말 자체를 꺼리는 우리들에게는 특별한 충격이다.

누구든지 평온하게 죽음을 맞고 싶어 한다. 영생의 복을 누리려는 소망도 갖는다. '인생은 실습 없이 태어나고 연습 없이 죽는다.', '인생이란 두 번이란 없다.' 는 명언을 새겨보라. 유서를 미리 써서 공증을 받아놓는 이가 늘고 있다. 평소에 가까이 지내던 사람들을 모아 놓고 미리 장례식을 해보라고 권유하기도 한다.

연세가 높으신 은사님께 그동안 많이 이루셨는데, 더 이상 원하시는 것이 무어냐고 여쭈었더니 이런 답을 주셨다.

"남한테 욕이나 덜 얻어먹고 죽을 수만 있다면 더 이상 바랄 것이 없겠어."

매사에 절제하며 꾸준한 운동으로 건강을 지킨 어른이다. 배려와 나눔으로 이웃사랑을 몸소 실천하는 일에도 솔선하셨다. 겸손과 배려로 많은 것을 이루고서도 그렇게 말씀하신 뜻을 잊지 않으려 노력한다. 끝까지 뒷모습을 가꾸며 89세까지 장수하신 스승님이 오늘따라 많이도 보고 싶다.

생의 마지막은 결코 남이 대신해 줄 수 없다. 죽음에 대한 두려움을 등에 지고 가지 말고 품에 안고 가라 했다.

"아름다울 지어다, 나의 영혼이여!"

마음이 흔들린다

3부

배우고 가르쳐서

내 나이가 얼마인데 이렇게 꾸중을 들어야 하나?
어라! 그러다 보니 나를 가르치려드네.
'아하!'손자가 벌써 선생님이 되었구나.
녀석들이 기특하면서도 한편으론 두렵기도 하다.

어라! 손자가 벌써 선생님이 되었네.

성경을 가르쳐 준 젊은 교우가 마칠 때 마다 꼭 껴안아 준다. 넓은 가슴에 따스한 기운이 느껴져서 저절로 눈이 감긴다. 이런 말을 덧붙여 주니 색다른 느낌이 든다.

"열심히 공부해 주셔서 고마워요. 사랑해요."

따라서 시도해 보 았더니 다음부터는 손자들도 덥석 안기며 크게 외친다.

"할아버지, 많이 많이 사랑해!"

녀석의 사랑이 실제로 내 가슴을 파고드는 느낌이다. 작은 가슴이지만 온기가 다가와 따스하고 환하게 웃는 모습이 꼬집어 주고 싶다. 참새처럼 종알거리지만 파도보다 더 큰 울림이다. 노래를 부를 때면 성악가가 될 수 있을 거라고 자랑하고 싶어진다. 요즈음은 장년이 된 자식들까지 따라 하는데 하나도 어색하질 않다. 의례하는 가족인사법으로 자리 잡아서 더없는 행복을 나눈다.

7살 난 손녀와 아침마다 학교를 향해 걷는다. 하루 중 가장 즐거운 시간이다. 보드라운 손을 잡고 군대식 구령을 붙일 때면 부러운 것이 없다. 하도 기분이 좋아서 걷는 무릎과 팔이 점점 올라간다. 누가 보건 말건 이중창을 한다.

"학, 교, 종, 이, 땡, 땡, 땡…."

건널목 신호를 기다리는 동안 잡은 손을 앞뒤로 저으며 몸을 흔들어 댄다. 교문 앞에 다다르니 맑은 아침 햇살을 뚫고 종종 걸음으로 내닫는다. 획 돌아보며 뜬금없이 하는 말이 제비가 종알거리는 듯이 귀엽다.

"할아버지 왜 싱글벙글 해, 내가 그~~렇게 좋아?"

저를 예뻐하는 눈치를 채고서 그러는가 보다. '사랑!', 누구에게나 행복을 가득 채워주는 단어인가 보다.

네살짜리 손자와 거실에서 소꿉장난을 하다가 일부러 눈을 감고 누웠다. 미동도 않고 잠자는 시늉을 하니까 몸을 자꾸 흔든다.

"할아버지 죽었어? 눈 떠봐, 그러면 안 돼. 난 누구랑 놀아?"

죽는다는 것이 무슨 의미인지 알고 저러는지 모르겠다. 순간, '녀석이 정말로 나를 사랑하나보다' 라는 생각에, 아름다운 꿈속으로 빠져드는 기분이 든다.

으스스한 가을날 아침에 아기를 데리고 어린이집으로 향한다. 가느다란 눈발에 스산한 바람이 불어와 쌀쌀하다. 움츠리고 뒤좇아 가는데 느닷없이 나를 놀라게 한다.

"할아버지, 미워! 미워!"

생각지도 못한 말이 황당하다. 제 누나와 말다툼을 할 때 저만 꾸짖어서 그러는 거란다. 꽤나 충격을 받은 것 같다.

엊그제는 더 큰 소동이 벌어졌다. 아침식사 시간마다 탐색전(?)을 한다. 일찍 일어나서 밥맛이 없는데다가 텔레비전만 보려고 해서다. 전쟁은 으레 저희들 할머니와 시작되지만 악역은 결국 내가 맡는다. 실랑이가 점점 심해져서 잔소리를 반복하니 양쪽 귀를 손으로 틀어막고 소리를 지른다.

"듣기 싫어, 잔소리 그만해!"

궁둥이를 두어 번 때리니까 기가 막힌 반응을 한다.

"왜 그래, 할아버지랑은 끝~~까지 안놀 거야. 보기 싫어!"

주절거리는 녀석이 밉다기보다 생각이 모자랐던 내가 더 실망스럽다. 삐죽거리며 밥을 퍼 넣고 있으니 마음이 짠하다. 안쓰러워 머리를 쓰다듬으려니까 야멸치게 뿌리친다. 상처는 입을수록 커진다고 했던가?

주말에 두 아이를 데리고 공원을 산책한다. 알록달록 단풍들이 몸매 자랑에 앞 다투고 있으니 마음이 들뜨나보다. 각기 다른 방향으로 달려가더니 재빠르게 품에 안긴다. 손자가 나뭇가지를 잡아당기니까 제 누나가 꾸짖는다.

"그러면 아프잖아, 빨리 놔줘!"

얼른 놓고는 머쓱해 진다. 하나 하나 가리키며 계속 질문을 던진다. 매달린 나무표찰의 글자와 화단 풀들의 이름들을 꼬치꼬치 묻는다. 꽃은 언제 피고 어떤 색깔이냐, 열매는 언제 열리며 어떻게 생겼느냐, 계속되는 궁금증에 궁색한 대답도 바닥났다. 꽃과 나무를 아끼려는 마음이 기특하고, 자연의 이치를 알고 싶어 하는 심성도 대견하다.

집에 돌아와 샤워를 하는대 또 한데 얻어맞았다. 어쩌다가 화장실 비데에 물을 묻혔나 보다. 제 손으로 닦으면서 하는 말이 어린아이답지 않다.

"할아버지 여기에 물 묻히면 고장나잖아. 조심해야지, 왜 그래?"

혼자서 중얼거린다.

"어린애가 언제 그런 걸 다 배웠나? 어렸을 때는 두뇌가 기하급수적으로 발달한다더니 녀석이 되레 나를 가르치려 드네."

저희들 집에 갈 채비를 하는 사이에, 아내는 손자가 나를 미워해서 큰일이라며 중얼거린다. 어느새 들었는지 손녀가 하는 말에 혀를 차게 된다.

"재가 할아버지를 싫어하는 건 당연하지. 할머니는 맛있는 것을 많이 주잖아. 잘못해도 야단도 안 치고. 할아버지는 걸핏하면 혼내고, 우리와 놀아주지 않고 밖으로 나돌기만 하잖아. 그러니까 정이 안 붙지 뭐."

손자도 맞장구 친다.

"맞아 맞아! 그러니까 할아버지는 밉고, 할머니는 좋다!"

내 나이가 얼마인데 이렇게 꾸중을 들어야 하나? 애들이 나를 가르치려드네. 어라, 손자가 벌써 선생님이 되었구나! 기특하면서도 한편으론 조심스럽기도 하다.

얼굴 하나에 열 가지 그림

거울을 들여다보자니 기막히다. 갓난아이 때 내 얼굴이 떠오른다. 볼그스레하고 팽팽한 뺨에 윤기가 흐른다. 새벽별처럼 초롱초롱한 눈동자가 밤하늘에 별처럼 빛난다. 동산처럼 우뚝 선 코는 아기 토끼 같고, 빨간 사과 같은 입술은 깨물어 주고 싶다. 쌍두마차 같이 균형 잡힌 귀도 복슬강아지 모양인데, 풍선 닮은 둥근 턱은 반지르르하다. 살포시 미소 짓는 눈은 따뜻하게 안아달라는 표정이다. 어디 하나 미운 데가 없어 아기천사 같다.

지금은? 얼굴에 생긴 쪼글쪼글한 주름살은 험난했던 인생계급장 같다. 퇴색되고 꺼칠한 피부는 일에 찌들려 그을렸나보다. 구부러진 손가락은 궂은 삶에 혹사당한 흔적이고, 초점 흐린 눈동자는 희망을 잃은 것 같다. 뒤뚱대는 몸짓은 불안함이고 꼭 닫은 입은 고집불통이다. 내려앉은 코를 보면 자신이 없고 참을성도 부족하다. 밑으로 처진 입꼬리와 눈 꼬리는 많이 울고 적게 웃었음이라. 각진 턱에는 아직도 남아 있는 자존심이다. 얼굴하나에 열 가지 그림이 아니라, 백 개를 그려도 모자라겠다.

얼굴이 큰 것은 아버지를 닮았고 네모진 윤곽은 어머니를 빼다 놓았다. 나보고 통 크고 활달하다 하고 급하면서도 저돌적이라고 한다. 일처리를 시원스럽게 한답시고 실수를 저지르는 것도 아버지다. 어머니는 더 많이 닮았다. 여리고 소심해서 어려운 부탁을 내치지 못한다. 신중을 기하려다가 절호의 기회를 놓친다. 한 번 손에 쥐면 쉽사리 내려놓질 못한다. 이런 그림들을 말끔히 지워버리고 싶지만 마음대로 안 된다. 이어온 핏줄이고 내가 색칠한 그림이니 어쩌랴.

자식들 셋도 비슷하다. 첫째와 둘째는 얼굴이 갸름해서 여자답다. 차분하고 말 수가 적으며 참을성도 많다. 소극적이지만 하고 싶은 일은 반드시 해 내고야 만다. 저의 엄마를 꼭 닮았다. 나머지 하나는 나를 닮았나 보다. 이목구비의 선이 굵은 편이다. 하고 싶은 말은 서슴없이 해대고, 추진력과 과감성과 결단력도 갖추었다. 마음이 여린 반면 집념이 강해서 끈질긴 면도 보인다. 모두 우리 내외의 축소판이라고나 할까.

아이들이 잘 되고 못 되는 것은 부모의 손에 달렸다. 그래서 자식은 부모의 거울이라 했나보다. 자식들이 어른이 되었는데도 아이들 앞에 다가가려면 머뭇거려진다. 정성껏 보살펴 줄 걸 그랬다. 어렸을 때는 부모의 말과 하는 행동에 따라 아이들의 인격이 형성된다. '세 살 때 버릇 여든까지 간다.' 는 속담이 있다. 한 마디 말이라도 세 번 생각한 후에 하고 발자국 하나도 조심조심 디뎌야 했다. 아이들이 본대로, 들은 대로 따라 하니까.

태어나서 서너 살 때까지는 지성과 감성이 폭발적으로 발전한다. 방황하는 사춘기에는 조심스럽게 접근하지 않으면 안 된다. 질풍노도의 청년기에는 어디로 튈지 모른다. 주의 깊게 관찰하고 진실한 사랑으로 다가가야 한다. 제반 여건을 성심껏 조성해 주는 일도 중요하다. 원만한 인간관계를 위해 소통능력을 길러줘야 한다. 품위 있는 인격을 갖출 수 있도록 챙겨주는 일도 필수적이다. 자녀를 바르게 양육하는 것은 쉬운 일이 아니니다. '농사 중 자식 농사가 제일 힘 든다.', '자식은 내 마음대로 안 된다.', '자식 이기는 부모 없다.', '자식이 원수다.' 오죽하면 이런 말들이 나왔겠는가.

우유부단함과 편애는 삼가야 한다. 무관심은 더 더욱 그렇다. 대부분 아버지들이 바쁘다는 핑계로 어머니에게 일임한다. 나도 그랬다. 남들처럼 높이 올라가고 싶었지만 기댈 언덕이 없었다. 맨 몸으로 뛰다보니 아이들 돌볼 겨를이 있었겠나. 양쪽이 합심해도 부족한데 미루기만 했으니 바로 아버지로서의 직무유기다. 영달을 위해 무관심한 것이 부정적 영향을 끼쳤다. 힘들어 하는 자식들을 대할 때마다 가슴을 치고 싶다.

비교하며 편애한 일이 어찌 없었으랴. 고르게 감싸주고 돌봐 주었어야 하는 건데….

가만히 돌이켜 보면 차별도 심했다. 큰 아이라서, 막내라고, 가운데 끼었으니 안됐다고 그랬던 것 같다. 조금 잘한다고 옳지 못한 행동을 보고도 그냥 흘려버렸다. 즉시 바로잡지 못하면 반복하게 되고 결국은 습관이 된다. 나쁜 행동으로 이어지는 것을 뻔히 알면서도 그랬다. 스스로 뉘우칠 때를 기다린답시고 그냥 넘어갔다. 사랑의 매는 시기를 놓치지 말아야 하지만 폭언과 체벌은 안 된다. 시시콜콜 간섭을 해도 역효과가 나타나지만 무관심은 더 나쁜 영향을 미친다. 세밀히 살펴 확실하게 짚어 줘야 한다.

성경에 등장하는 인물들의 행적이 마음을 찌른다. 믿음의 자손이라 불리어 온 '아브라함 3대' 의 잘못된 이야기다. 아브라함은 대를 잇기 위해 여종 하갈을 첩으로 맞고서 아들을 얻은 후에는 본처를 멸시한다. 사라가 하갈을 학대하고 아내와 아들을 내 쫓는데도 손 놓고 있었다. 즉시 적절한 조치를 취했어야 했는데 아무런 반응도 하지 않은 것이다.

아들인 이삭은 자식을 편애해서 가족에게 어려움을 끼친다. 사냥한 고기를 좋아한 나머지 둘째인 '야곱' 에게 속아 넘어간다. 큰 아들 '에서'의 장자권을 빼앗아 야곱에게 주고 편애한다. 야곱은 큰 자식들을 밀어내고 후처 출생인 '요셉' 형제만 애지중지한다. 요셉은 형들의 음모로 갖은 고초를 겪다가, 마침내 웅덩이에 빠뜨려져 죽음의 문턱까지 이른다. 급기야는 애굽으로 팔려가는 신세가 되어 갖은 곤경을 다 겪는다. 야곱이 딸이 강간을 당했어도 보복이 두려워 외면한 속마음을 도저히 이해할 수 없다. 부모의 우유부단과 편애와 무관심은 엄청난 재앙을 맞게 한다. 이 얼마나 두렵고 가슴 떨리는 일인가.

자식 하나의 얼굴에 열 가지도 넘는 그림, 누가 그려 주었나.

애들아, 고맙고 미안하다!

일찍부터 머리를 감고 기름을 바르는 등 수선을 떤다. 그러는 나를 보고 아내는 이렇게 비아냥거린다.

"그렇게도 좋아요? 왜 그리 꼭두새벽부터 야단예요. 늘그막에 새 장가들러 가는 사람 같네요."

환갑이 가까운 사람들이 나를 가운데 앉히더니 어린아이처럼 짓궂게 군다.

"야! 너희들은 남자니까 여기 낄 수 없어! 선생님만 계시고 내려가."

양 볼에 손가락을 비비고 혀 바닥을 날름거리며 약을 올린다.

"그래, 빼놔도 좋아. 남자 셋이서만 찍으면 더 멋지지. 메롱~~"

둘씩, 셋씩, 어깨동무를 하고 사진을 찍으며 정담을 나눈다. 포항과 서울, 세종과 대전지역 등지에서 모인 제자들이다. 나를 껴안고 웃으며 어리광을 피운다.

"선생님! 지금도 총각 때처럼 멋지세요. 헤헤."

각기 장만해 온 음식들을 차려 놓고 앞을 다투며 권한다. 세상에서 최고로 맛있는 거라며 넉살을떤다.

"다음엔 선생님께서 사 주셔요. 예?"
"음…통닭, 아니, 칼과 포크로 먹는 양식으로요. 냠, 냠, 냠 헤헤~~"
이제는 노인 줄에 들어가는 나이인데도 코흘리개 아이들처럼 대한다. 수십 년 동안 해마다 봄과 가을에 빠짐없이 찾아 주는 애틋한 제자들이다.

도란도란 옛날이야기 꽃을 피운다.
"우리들이 토론수업을 잘한다고 장학사들이 칭찬을 해 주었어요. 그 때는 선생님이 큰 바위처럼 자랑스러웠어요."
"토요일 오후에 어린이회에서 결의한 대로, 호미와 괭이를 들고 화단을 가꿨지요. 복도마루에 삐져나온 못을 박느라 망치를 두드리며 야단을 떨었죠. 힘들기도 했지만 마치고 나면 뿌듯했어요."
"학년 초에는 학년 전체 중에 우리 반만 남녀혼합반이라서 다들 싫어했어요. 선생님께서는 재미있게 가르치고 운동도 즐겁게 할 수 있도록 지도해 주셨어요. 학년 말 즈음엔 공부나 체육활동이 5개 학급 중 가장 앞섰지요."
생각도 못했는데 젊은 나이에 운 좋게 6학년을 담당했다. 다른 이들은 남녀 단일 반을 맡았는데 나에게는 가장 어리다는 이유로 교사들이 꺼려하는 혼합 반이 주어졌다. 차림새들을 보니 가정형편이 어려울 것 같은 아이들이다. 실제로 가정방문을 해보니 소규모 상인이 아니면 도시 근교의 영세농의 자녀들이다.

강둑 밑 조그맣고 허름한 집에 살던 사내아이가 내 팔을 껴안는다.
"선생님께서는 저희들을 공평하게 대해 주셨어요. 수줍어하는 저를 전교 회장에 입후보를 시키고 연설문을 써주셨지요. 전교생 앞에서 자신 있게 발표함으로써 1등으로 당선되어 얼마나 기뻤는지 몰라요.

"음 그랬지. 그땐 자네가 장해 보였네. 당선 축하로 교실 전체가 와글와글했지."

"그게 밑거름이 되어 중학교에서는 학급반장, 고등학교 때에는 학생회장, 대학에서는 과대표가 되었어요. 퇴직한 후에 아파트 전체회장 책임을 맡게 된 것도 모두 선생님 은혜예요."

빈농의 아들로 태어나서 어린나이에 농사일을 거들고 먹는 것도 부실했을 거다. 얼굴이 까무잡잡하고 몸이 꼬챙이처럼 바싹 말랐었다. 대기업체 요직에 근무하다가 퇴직을 하고서도 뜻 깊은 일을 한다니 자랑스럽다.

키가 가장 작지만 똑 소리 나게 반장노릇 하던 여학생은, 중앙에 등단하여 중견화가로 활약 중이다. 알토란 같이 단단하게 생겼던 아이는 어머니가 채소장사를 해서 성장시켰다. 지금은 유명한 공예사가 되어 여러 학교를 돌며 후배를 양성한다며 자랑한다. 시장 통 쌀집 막내딸은 물 맑고 경치 좋은 곳에서 전원생활을 하면서 부녀회 일을 담당했단다. 어머니 따라 교회에 다니던 코흘리개는 봉사활동 팀을 이끌고, 국내외에서 선교활동을 벌이느라 잠시도 여유가 없다.

역전 근처에서 홀어머니와 살면서도 표정이 밝았던 아이가 끼어든다. 인자하신 어머님을 닮아서인지 명랑하면서도 똑똑했다. 웃음 띤 얼굴에 사근사근한 음성이 지금도 변함이 없다. 이번에 내과 의사 모임의 회장이 되었단다. 어려운 환경이라도 용기를 잃지 말라고 격려해 준 은공이라며 내 손을 꼭 잡는다. 철없이 굴던 어린 아이들이 성장해서 저마다 뜻 깊은 일들을 하고 있으니 고맙기 그지없다.

순간! 이런 생각이 떠오른다. 내가 어찌 저들에게 좋게만 대했겠는가. 따져볼수록 미안하기 짝이 없고 용서를 빌고 싶은 마음뿐이다. 공부 잘한다고, 예쁘게 생겼다고, 어쩌다 한 번 착한 일을 했다고 얼마나 그 아이만 바라보았을까.

가난하다고, 못생겼다고, 미운 짓만 한다고, 구박하고 체벌하며 괴롭혔는지 모른다. 부끄럽고 미안한 마음뿐이다.

후하게 대접을 받은 지 한 달도 안 되었는데 스승의 날 다시 만나자는 연락이 왔다. 오랫동안 외국에 나가 있던 자식이 귀국한다는 소식을 들은 것처럼 뛸 듯이 기쁘다. 그날 이렇게 말해줘야 하겠다.

"얘들아! 훌륭하게 커줘서 고맙다. 그리고 미안하다."

확 바꾸자, 가르치는 방법을!

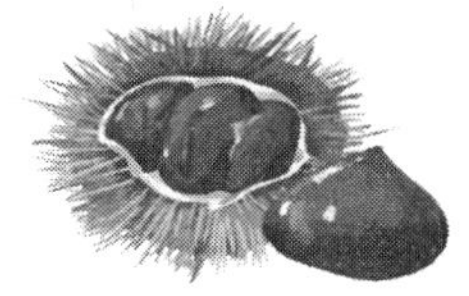

산들은 앞을 다투며 오색단풍을 자랑한다. 잎이 크기나 모양에 관계없이 아름답다. 한낮의 강한 햇살에 비쳐지니 각기 특유한 색깔로 가을의 정취를 한껏 누리게 한다.

이름 모를 풀들이 하늘하늘 줄지어 서 있는 산모롱이를 돌아서자니 깊은 감흥에 빠지게 된다. 분위기에 취하여 거북 등 모양의 바위 위에 앉아 주위를 잠시 둘러본다.

세 갈래 길을 걸어가는 사람들의 모습이 제 각각이다. 흥미롭다기보다는 집중해서 생각할 필요가 있음직하다. 꼬부라진 허리를 지팡이에 의지한 영감은 주위를 살필 겨를도 없이 발길 닫는 대로 고개를 푹 숙이고 걸어간다. 아장아장 아가는 엄마가 이끄는 대로 따라간다. 새파란 젊은이는 양쪽 길을 향해 번갈아 두리번거리더니 한 쪽을 뚫어지게 바라본다. 중얼중얼하더니 무언가 결심한 듯 그쪽 방향을 향하여 줄달음질 친다.

노인은 종래에 하던 식으로 걸어간 이유는 종래에 하던 습관대로 한 것이다. 아기가 자기 의사와는 무관하게 이끄는 대로 따라 가는 것은,

엄마를 온전히 신뢰했기 때문이다. 청년은 남들이 하던 방법은 거들떠보지도 않았다. 노인이나 아기처럼 수동적 행위를 거부하고 소신대로 한 선택이다.

가야할 길을 제대로 찾아가기 위해서는 신중을 기하는 것은 필수다. 어디까지 어떻게 가야 하는가를 여러 방도로 고민한 후에 결정해야 좋은 결과를 낳을 수 있다. 설혹 바르게 선택했더라도 서둘러서는 안 된다. 인생길은 그리 만만하질 않다. 굽이굽이 휘몰아치는 강물이고 꼬불꼬불 가파른 첩첩산중이다. 위의 세 사람이 오늘날 우리의 교육이 지향해야 할 방향을 제시했다고 본다.

살아가면서 수시로 어려운 상황을 맞게 된다. 당면하는 문제들을 결정해야할 입장에 처하면 우왕좌왕한다. 감정에 치우치지 않고 합리적으로 판단해야 한다. 해결책을 여러 방도로 찾아보고 선택해야 한다. 그것이 개인과 사회와 국가에 어떤 영향을 미칠지도 심사숙고해야 한다. 제대로 훈련받은 사람은 어떤 어려움에 부딪혀도 현명하게 대처한다. 우리 조상들은 '신언서판(身言書判)'을 중시했다. 그중에서도 판단력에 큰 비중을 둔 이유가 바로 여기에 있다.

그러면서도 가치판단교육에 관심이 적었다. 일생을 살아가면서 어려운 상항에 결심을 해야 할 때가 수없이 닥쳐온다. 이런 과정에서는 무엇보다 문제를 바르게 파악하려는 자세가 요구된다. 주어진 상황을 주의 깊게 살필 수 있는 눈이 있어야 한다. 외곬수가 아니라 각기 여러 갈래의 길을 탐색하도록 도와주는 교수법도 요구된다. 자기 생각을 잘 표현할 수 있는 능력도 필요하고, 남의 의견을 논리적으로 반박할 줄 아는 언변도 갖추어야 한다. 하고 싶은 주장을 확실히 해서 남을 설득하는 힘도 길러야 한다.

이것이 바로 창의력이고, 탐구력이며, 의사결정능력과 문제해결력이다. 이를 통틀어 고등정신기능이라 하는데 이는 삶의 필요조건이고 충분조건이다. 눈부시게 발전하는 현 시대에 숨 막히게 닥쳐오는 문제들을 지혜롭게 판단해서 해결하도록 도와주는 교육이 절실히 필요한 때다.

오늘날 교육현장은 종래의 수업방법만을 고집한다. 일류대학에만 머리를 두는 지식위주의 수동식 교육으로만 일관하고 있음이 개탄스럽다. 반복해서 외우고 기억하도록 가르치고 그런 내용만 평가해서는 종합적인 판단 능력을 갖추기 어렵다.

건강한 심신을 갖추게 하고 지식이 아닌 지혜를 닦아가도록 하는데 초점을 두어야 한다. 잠재력을 인정하고 가능성을 찾아가려는 노력이 절실하고, 사회의 부조리를 과감하게 지적하는 용기도 길러주어야 한다. 요즈음 불편너(불편한 것을 고쳐가려는 정의로운 프로의식을 갖춘 사람)를 양산해야 한다는 주장도 있다. 이런 교육의 키워드는 동서고금을 막론하고 중요시 되어 왔다. 우리 교육 현장에서도 관심을 가져야 한다.

이외에도 바꾸어야 할 교육정책들은 헤아릴 수 없이 많다. 지식보다, 인성이 우선되어야 하고, 말로만 떠드는 것 보다는 실천이 중시되어야 한다. 결과보다는 과정을, 속도보다는 방향을 중시하는 새로운 교육 패러다임을 구축해 가야 한다. 이대로는 안 된다. 하루라도 빨리 고쳐야 한다. 확 바꾸자, 가르치는 방법을…

경쟁만하는 나무

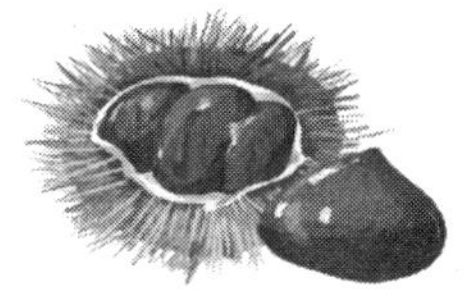

깨끗하게 정리된 도랑 양옆에 줄지어 서있는 노란 개나리 덩굴이 소담스럽다. 양팔을 위로 뻗은 하얀 벚꽃도 흐드러지다. 뒷산 기슭을 뒤덮어버리려는 산 벚들도 기를 꺾이기 싫은 모양이다. 산수유는 조금 남은 노란 옷을 벗게 되니 아쉬운가보다. 줄줄이 서있는 나리꽃은 하얀 손나팔을 들고 환호성을 지른다. 앞산에 군락 이룬 진달래는 어서 오라며 손짓을 하고….

"구~ 구~ 구~ 구~" 비둘기는 사랑하는 짝을 떠나보냈는지 처연하게 울어댄다. 사람들의 마음도 덩달아 심란해진다. 남녀노소 할 것 없이 원색 차림으로 종종걸음이다. 화려한 꽃을 보며 사색하거나 그윽한 향기를 맡으려는 사람은 눈에 띄지 않는다.

오히려 앙증맞은 복슬강아지는 향기에 취하는지 코를 벌름거리며 킹킹댄다. 주인이 발걸음을 재촉하며 줄을 잡아당기니까, 질질 끌려가면서도 연방 뒤를 돌아다본다. 이런 풍경에 젖다보니 노래가 절로 나온다.

"산에는 꽃이 피네 꽃이 피네…."

앞서가던 꼬부랑 할머니는 잠시 멈추고 숨을 몰아쉰다. 주위를 맴돌며 '깡충깡충' 깨금발을 뛰는 손자에게 넌지시 말을 건넨다.

"아가, 고모네 형은 전교 1등 한다는데, 너는 몇 등이냐?"

말이 떨어지자마자 발걸음을 딱 멈추고 올려다보는 눈이 심상찮다.

"나? 전교 1등도 아니고, 2등도 아녀. 우리 반에서 중간쯤이야!"

이어지는 소리에 더욱 깜짝 놀란다.

"그런데 할머니! 나, 대학교에 가면 전교에서 1등 할거다."

"지금 학급에서 중간이라면서 무슨?"

"문제없어, 다른 애들은 중·고등학교 때 1등 하려면 힘이 다 빠질 거 아냐? 그럴 때 치고 나가면 되지 뭐."

엄지를 치켜세우며 응원을 하고는 나도 모르게 이렇게 중얼거린다.

"어린 아이가 어떻게 저런 생각을 할 수 있을까? 어른들보다 훨씬 앞섰네. 아무나 그런 마음을 가질 수 있나. 내로라하는 교육학자도 못할 거다."

공원 수목을 간벌하고 교체한다는 현수막 글씨가 웬일인지 대문짝만하게 보인다.

'나무들도 경쟁만 하면 잘 자라지 못합니다.'

할머니와 손자의 대화와 딱 맞아 떨어지는 표현이다. 현직 근무 시 모대학교에서 연수를 받던 생각이 난다. 교수이자 정부의 교육자문위원으로 활동한다는 강사가 이런다.

"추운 겨울날에 수업을 마치고 학생 뒤를 따라가다가 일을 당했어요. 앞서 나가는 학생이 출입문을 잡아 주지 않고 나가버려서 얼굴을 부딪쳤죠. 안경이 깨지고 이마에 큰 상처가 났습니다. 비슷한 사례는 많습니다. 이거 다 그동안 잘못 가르친 때문예요"

초 · 중등 교육의 문제점이 나타난 결과란다. 싸잡아 비난하며 해결책을 내놓으라고 하니 화가 치밀었다. 작심하고 손을 번쩍 들고 일어섰다.

"오늘의 교육문제는 무엇보다도 대학 입시의 영향이 큽니다. 교수이면서 중요한 교육정책을 수립하는 자리에 있으니 빨리 바꿔주세요. 그러면 자연히 나아질 겁니다."

돌아온 답은 엉뚱하다.

"그러면 선생님이 교육부 장관을 맡아서 고쳐보세요."

곧바로 주먹으로 책상을 치며 받아쳤다.

"예! 시켜만 주세요. 당장 고칠 자신이 있어요."

박수를 치며 환호했다.

우리의 교육열이 세계 최고라는데 비해 문제점이 너무도 많다. 남매를 식당에 데리고 온 엄마가 눈을 떼지 않고 읽는다. 슬쩍 훔쳐보니 「두 아이가, OO대, OO대」 라는 명문대학교 이름이 적혀있는 책이다. 직접 읽어보지 않아도 일류대학에 보내는 비책이 적혀 있을 법하다.

머리를 하늘로 둔 사람마다 자식을 출세시키려고 발버둥 친다. 대를 물리는 가난을 벗어버리려는 절박한 심정에서 일거다. 내 자식만은 좋은 대학을 나와서 출세하도록 하려는 부모들의 욕심이다. 아이들은 어느 누구 할 것 없이 입시지옥 속에서 고통의 나날을 보낸다.

세상은 녹록치 않다 '3포 시대?' 라며 저마다 걱정한다. 기를 쓰고 공부를 했는데도 기초적인 생활도 어려운 세태다. 행복을 누리기는커녕, 취직도, 결혼도, 출산도 포기해야 할 정도다. 행복을 추구하며 살아가야 할 청소년들의 행복지수가, OECD 국가 중 최하위라니 한심하다. 해결책을 강구하라고 주장하지만 국가나 사회는 시원한 답변을 내 놓지 못한다.

사랑하는 우리 아이들을 경쟁만 하는 나무들처럼 길러서야 되겠는가. 무한경쟁 속에서 벗어날 수 있도록 도와주어야 한다. 남을 이기려 하지 말고 나의 행복을 찾아 가도록 도와주자 자신의 진로를 찾아서 노력하게 한다면 얼마나 행복할까? 모두 나서서 경쟁이 아닌, 멋진 인생을 펼쳐나가도록 인도해 주어야 한다.

우선 시작하자. 그리고 끈기 있게

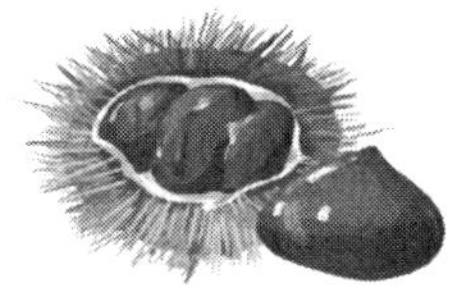

몇 년 전 이른 봄에 고아원을 방문했을 때다. 담당자의 안내로 시설을 둘러보고 있었다. 모퉁이에서 여직원을 만나 이야기를 하는 중이다. 아기들이 줄지어 걸어오니까 손짓을 하며 누군가의 이름을 부른다.

"00야! 00야!"

걸어가던 한 아기가 부르는 소리를 들었는지 걸음을 멈추고 오뚝 선다. 해맑은 얼굴로 고사리 같은 손을 흔드는데 떨리는 음성으로 내 귀에 대고 속삭인다.

"저 아이는 정문 앞에 버려졌었는데 밝게 커 줘서 얼마나 신통한지 몰라요."

마음이 잔잔하게 흔들린다.

외부기관의 지원업무를 담당한 여직원이 하던 당부가 내내 마음에 걸렸다.

"이렇게 좋은 물건들을 많이 주셔서 고맙습니다. 아이들이 좋아하네요. 자주 오셔서 위로해 주세요. 우르르 몰려와서 반짝 지나가버리는 경우가 많아요. 많은 물건들을 가져오시는 것도 고맙지만 아버지나 형 노릇을 해 주었으면 더욱 좋겠어요.

이어지는 설명에 공감이 갔다.

"어머니들은 가끔 오는데 아버지들은 좀처럼 찾아오질 않아요. 함께 노래하고 운동과 게임을 하면서 놀아주면 기뻐할 거예요. 대부분 직원들이 여자들뿐이라서 남자 아이들 목욕시켜주기가 어렵네요."

나오다가 정문에서 남학생을 만나 이야기를 나누었다. 아주 어릴 때부터 이곳에서 자랐다고 한다. 모 대학교 체육교육학과 3학년에 재학 중인데 교사 임용고사 준비에 여념이 없단다. 이튿날 문자를 보냈더니 즉시 답장이 왔다.

"격려의 말씀을 보내 주셔서 고마워요. 저도 만나 뵈었으면 좋겠어요. 공부하는 요령을 배우고 싶어요. 날씨가 쌀쌀하니 감기 조심하세요."

짧은 내용이지만 예의를 갖추었고 정감도 느껴졌다. 며칠 후 만나 즐겁게 밥을 먹으며 이야기를 나누었다. 그 후로는 시험 준비에 바쁠 것 같아 망설이다가 그만 까맣게 잊어버리고 말았다.

더 큰 과오를 범하기도 했다. 모 교육청에서 근무할 때에 기관장들의 협조를 얻어, 관내 불우학생들과 결연을 맺었다. 행사를 벌이는 등 떠벌리지 말고 조용히 실행하자는 제안에 호응해 주었다. 해당되는 아이들을 20여명의 기관장들이 맡았다. 경찰서장은 고등학생을, 군수는 중학생을, 군의회의장도 중학생을, 문화원장은…, 교육장인 나는부모를 잃고 조부모 밑에서 자라는 초등학교 5학년 남학생을 담당했다.

주말에 아이를 관사로 초대해서 특별한 음식을 나누고 쇼핑을 하며 산책을 하는 등 일 년 동안 보람된 시간을 가졌다. 근무처를 다른 곳으로 옮긴 후 바쁘다는 핑계로 미처 생각을 못했다.

수년이 지나 퇴직한 후에 까맣게 잊어버렸는데 그 아이의 고모로부터 전화가 왔다. 어릴 때 내가 그에게 베풀어 준 사랑에 힘을 입었다며 고맙다고 인사를 한다. 덕분에 잘 커서 일류대학교 일류학과에 우수한 성적으로 합격했다며 모두가 내 덕이란다. 조카와 함께 방문하겠다는 말이 반갑다기보다는 두려웠다. 호되게 질책을 당한 느낌이어서 얼마나 당황스러웠는지 모른다.

아무리 좋은 마음으로 시작을 했더라도, 지속적으로 실행을 해야지 중단하면 아니함 만 못하다. 좋은 일을 해 보겠다고 시도해 보았지만 제대로 그 열매를 맺지 못해 안타깝다. 후회할 일은 아예 시작도 하지 말아야 하겠다.

고아원 여교사가 아이들에게 도움을 달라던 말이, 가슴에서 떠나질 않아서 다시 찾았다. 주무자는 반갑게 맞아 주면서 소상하게 안내를 해준다. 몇 년 사이에 실내외 환경이 많이 발전했다. 특별한 사명을 가진 직원들의 노력과 각계각층의 정성어린 성원의 결과란다.

지난 해 방문했더니 외로운 아이들이니 아버지나 형 노릇을 대신 해 달란다. 특별한 일보다는 그저 함께 놀아 주는 일이라는 것이다. 운동장을 갖추었으니 축구, 족구, 농구를 함께 하고, 관현악단도 조직되었으니 협연도 하면 좋겠다고 한다. 영화를 관람하고 유원지나 고적 답사 등, 그저 놀아만 주어달라고 신신당부한다.

우선 내가 지속적으로 할 수 있는 일이 무언가 생각해 보아야겠다. 다양한 취미와 특기를 갖춘 사람들을 찾아보자. 마음먹었으면 바로 부딪쳐야 한다. 시작이 반이다. 가다가 중단 하면 안 된다. 더 이상 후회 할 일을 되풀이해서야 되겠는가.

해야 할 일이 생기면 망설이지 말고 우선 시작하자. 그리고 끈기 있게 이어가자.

하나 마나

'하나 마나', 어떤 일을 한 것과 안 한 것의 차이가 없다는 뜻이다. 이런 경우를 말한다. 밤새워 공부를 했지만 성적이 오르지 않는다. 피땀 흘려가며 농사를 지었어도 소출이 미미하다. 연구에 연구를 거듭해도 좀처럼 시원한 결과가 없다.

말을 할 때도 그렇다. 횡설수설하면 도대체 무슨 뜻인지 알아들을 수가 없다. 어떤 말을 한 것 같기는 한데 아무 것도 남지 않는다. 듣는 것도 마찬가지다. 제대로 전했는데도 엉뚱한 반응을 하면 실망스럽다. 열심히 이야기 하는데 다른 곳을 쳐다보면 화가 난다. 팔짱을 끼거나 눈을 감는 등, 딴전을 피우면 때려주고 싶다. 기본적인 예의를 가추지 못하고 상대를 무시하는 처사이기 때문이다. 이럴 정도이면 인간관계는 이미 물 건너 간 거다.

나를 돌아본다. 의중을 제대로 전달하지 못한 적이 한 두 번이 아니다. 거짓말이나 속된 용어를 아무 생각 없이 사용했다. 주의 깊게 경청하지 못한 것도 부지기수다.

강의를 하고 나서 반응을 떠보았더니 기가 막힌 질문이 돌아온다.

"교수님 말씀은 들을 때마다 재미있고 유익한 점이 많아요."

추켜세우는 듯 하더니 충격적인 말을 한다.

"그런데 지금 말씀하신대로 하나하나 실천하나요? 어디 성인군자나 할 수 있지, 저는 도저히 할 수 없을 것 같아요."

당황한 나머지 얼버무렸다.

"예, 막상 실행에 옮기려면 어렵죠. 다만 그렇게 하도록 노력하는 거지요."

궁색한 답변을 했지만 아무래도 찜찜하다. 내가 정말로 실속 없는 이야기를 했나?

글을 쓰는 것도 그렇다. 아무리 노력을 했다 하더라도 의미를 파악하기 어려우면 무의미하다. '남들이 하니까 따라하고 싶어서' 라는 생각을 가지고 쓰면 안 된다. 자신이 볼 때에 별스럽지 못하면 다른 이들은 아예 거들 떠 보지도 않는다.

문학 활동이 왕성하다고 소문났다는 이가 이런다.

"내가 쓴 글을 뒤져봐도 글다운 것이 없어. 자랑만 하고 가식적인 내용이 너무 많아. 강조해 온 것들을 제대로 실천하지 못하니 무슨 소용있어. 붓을 꺾어 버려야겠어."

나를 두고 하는 말인 것 같다. 글은 경험한 감동적인 이야기를 담아내야 호응을 얻을 수 있다. 제목이나 서두부터 맘에 안 들면 아예 거들떠보지 않는다. 결미가 깔끔하지 못하면 상상할 공간을 주지 못한다. 독자들에게 알리고 싶은 메시지를 전할 수 없다. 신변잡기만 늘어놓으면 지루하다. 흥미가 없거나 감동적이 않으면 무미건조하다. 예쁜 표현은 고사하고 진부한 것들만 되풀이 하면 짜증이 날 수밖에 없고.

혹자는 이렇게 핑계를 댈 수도 있을 거다.

"세상일들을 어떻게 진실만을 나타낼 수 있어. 꾸며 대지 않고 사는 사람이 어디 있나. 다소 부풀리거나 거짓을 표현할 경우도 있지. 양심에 가책이 안 들고 보편타당하면 괜찮은 것 아닌가."

그건 아니다. 남들이 다 아는 사실을 늘어놓거나 가식적인 사실을 미화하면 비위가 상한다. 자기를 내세우거나 진부한 글은 읽을 맛이 안 난다. 거짓으로 매도하려들면 질타당할 수밖에 없다. 진솔한 느낌을 가져다 줄 수 있는 표현이면 몰라도….

'쓰나 마나 한 글'은 과감하게 버려야 한다. 아무리 정성껏 썼다 하더라도, 전하려는 주제가 정확히 담겨 있지 않으면 소용없다. 까딱 잘못 표현하면 부정적인 비판을 받게 된다. 그렇다고 주제가 겉으로 드러나면 흥미롭지 못하다. 독자에게 남는 것이 없고 작자 스스로도 허탈감에 빠진다.

읽는 것도 같다. 글에서 전하려는 의미를 파악하지 못한다면 시간 낭비다. 별 관심 없이 읽어만 가면 특별한 감정을 느낄 수 없다. 주제가 무엇인지, 소재와 제재는 잘 선정되었나를 파악해야 한다. 문단의 내용들은 주제를 충족시켜주는 표현이며 문학적인지도 따져봐야 읽는 진맛을 볼 수 있다.

사람을 상대할 때도 그렇다. 눈길을 딴 데다 두고 악수를 하는 것은 '하나 마나', 아니, '해서는 안 될' 태도다. 예의에 어긋나고 솔직한 마음이 결여된 관계는 실망을 안겨다 준다. 심하면 마음에 상처까지 입힐 수도 있다.

봉사를 한답시고 떠벌리는 허풍쟁이, 작은 것을 내어 주는 것마저 꺼려하는 구두쇠, 겉으로는 신앙생활을 열심히 하는 척하면서 뒤로는 딴 짓하는 사이비 종교인, 돈을 모으면 사회에 공헌하겠다며 부정한 방법으로 부를 축적하는 악덕 기업인, 국민을 위해 온몸을 바치겠다며 거짓 열변을 토하는 정치인, 세상은 요지경 속이다.

인생을 제대로 살려면 '하나 마나' 한 일은 삼가야 한다. '해서는 안 될 일' 은 더더욱 말할 것도 없고…. '있으나마나한 사람' 이 아니라, '꼭 있어야 할 사람' 으로 평가 받으려면 어떻게 해야 할까?

독수리 발톱, 조개의 눈물

노인들을 섬기는 단체로부터 강의 제의를 받고 흔쾌히 수락했다. 규모가 크고 작거나 대상이 누구이거나 개의치 않고 찾아간다. 비교적 여러 군데를 돌아다니는 관계로 준비된 자료는 넉넉하다. '행복하게 살아가기' 란 주제를 뽑아서 원고와 시청각자료를 검토했다. 이번에는 모두가 팔십을 넘긴 일곱 분들이라서 걱정스럽다. 대부분 고학력자이고 전문직에서 일해 온 분들이라고 해서 긴장도 된다.

분위기를 느슨하게 풀어보려는데 곱게 단장한 여자 분이 선수를 친다.

"선생님! 여기는 소형 백화점이에요. 이분은 안구 수술 후유증으로 잘 보질 못해요. 나는 귀가 어두워 제대로 듣질 못하고, 걷기조차 우둔하고 앉아 있기도 힘든 사람도 있어요. 그래도 열심히 들을 거예요. 바쁜데도 와 주셨잖아요."

자식들을 생각해서 하나님께 어서 빨리 데려가 달라며 기도한다는 분에게 이런다.

"언니, 그러지 마. 위만 보지 말고 내려다봐요. 병상에 누워 꼼짝 못하는 이들도 많아요. 이렇게 살아서 훌륭한 말씀을 들을 수 있으니 좀 좋아요."

나도 맞장구를 친다.

"그래요. 대화를 나눌 수 있다는 게 다행이지요. 요양원에서 쓸쓸히 지내는 사람들이 얼마나 많은데요. 웃으면 복이 온다니 어디 한 번 웃어봅시다. 크고 긴 음성으로 온몸을 흔들면서…"

"아~ 하하하, 오~ 호호호, 에~ 헤헤헤"

분에 넘치는 칭찬을 한다.

"좋아, 좋아, 너무 좋아! 듣던 대로 역시 명강사네."

작은 주제들을 하나하나 거쳐 가며 자신을 사랑하자는 내용으로 들어선다. 내가 누구인지를 파악하는 과정을 거친다. 고통과 상처와 외로움을 이겨가자고 강조한다. 문답식으로 이어가며 조리 있게 발표하고 창의적인 의견도 제시한다.

화면에 독수리 모양이 떠오르고 나의 설명이 이어진다.

"이 녀석은 새들 중 가장 오래 산데요. 아주 많이 늙으면 산 정상에 올라가지요. 바위에 부리와 발톱을 때려 피를 철철 흘린 후에 다 빼버립니다. 새 것이 나온 후에도 60년 이상을 더 산다니 대단하네요."

가장 연세가 높으신 남자 어른이 거든다.

"독수리의 눈이 참으로 매섭네요. 수명이 길다더니 그런 어려움을 겪는군요. 생김새처럼 속마음도 강한 것을 이제야 알았어요."

조개와 진주 목걸이를 화면에 비추니까,

"어허, 장롱 속에 둔 내 것과 똑같네!"

잠자코 듣던 영감이 눈을 껌뻑거리며 입맛을 다신다.

"목걸이 보다는 조개구이가 생각나는구먼. 허 허"

책읽기를 좋아한다는 분과 엊그제 이사를 왔다는 분이 번갈아 덧붙인다.

"저거 조개의 눈물이네." "맞아 맞아, 조개의 눈물!"

음성을 낮추고 나긋나긋하게 해설한다.

"바다 속 조개가 입을 벌릴 때 모래가 들어가면 상처가 나요. 거기서 나오는 액체가 모여서 굳어지면 진주의 원료가 된다고 하네요. 사람은 그 상처를 목에 걸고 좋아하는 셈이지요."

신기한 듯 고개를 끄덕인다. 열심히 들어주고 거리낌 없이 말을 하니 분위기가 술술 풀린다. 마무리를 한다.

"햇빛은 아주 먼 태양으로부터 갖은 어려움을 겪으며 우리 앞에 당도합니다. 뜨거운 열기를 견디고 차가운 구름을 헤치면서 달려 온 것입니다. 온갖 역경을 겪어가며 지구에 도착해야 비로소 만물이 살아날 수 있습니다. 인간은 여러 가지 어려움에 시달립니다. 독수리처럼 굳세게 나아가야 합니다. 조개가 흘린 눈물이 여러 사람들을 기쁘게 해준다는 사실을 기억합시다."

80세 이상의 노인들이라 일부러 경로사상을 강조한다.

"예로부터 우리는 어른을 공경해 왔습니다. 아마존강가에 사는 민족은 사냥감을 얻으면 먼저 최고 나이 많은 사람을 부른답니다. 평생 동안 갖추어 온 지혜를 발휘하여 공평하게 나누어 주길 원해서죠. 중국은 노인들을 보석처럼 여기며 극진하게 대우합니다. 아프리카에서는 노인 하나 잃는 것을 거대한 박물관을 잃는 것보다 더 아깝게 여긴다고 하네요."

사후 이야기로 옮겨간다.

"죽음이 다가오면 죄 값을 받을 것에 초조해 집니다. 어렵게 얻은 것들을 모두 잃게 되지요. 사라져 갈 영혼, 천국과 지옥, 이런 단어들이 공포를 자아냅니다. 우리 조상들은 성황당에 제를 올리고, 장독대에 정한 수를 떠 놓고 빌었습니다."

음성은 더욱 높아간다.

모든 과정이 끝나자 박수를 쳐주며 격려한다. 다시 와 달라고 당부를 하는 걸 보니 보람 있는 시간이었던 것 같다. 이제껏 경험하지 못한 소규모 강의였지만 어느 때보다 값진 시간이었다.

조개처럼 눈물을 흘려왔을 노인들이 독수리 같이 당당하게 살아가길 기원한다.

가짜 인생

가짜가 판을 치는 세상이다. 하도 거짓이 많아서인지 이런 말까지 등장한다.

"참으로, 정말로 맛 좋은, 진짜 참기름이, 참말이지, 아주, 입에 척척 붙네요."

텔레비전 화면에서 누군가 울먹이며 토로한다.

"이제껏 헛 살았어요. 내 인생에 시부모, 남편, 그리고 자식만 있고 나는 없었으니까요. 힘겹게 지나온 나를 누가 보상해 준단 말입니까. 가짜로 살아 온 내 인생이 허무하네요."

자신은 뒤로하고 가족들을 위해서 희생해 온 여성의 아픔이다. 요즈음은 많이 변해서, 여성상위 시대로 접어든지 오래다. 젊은 남자들은 밥 짓고 빨래하며 집안 청소를 맡는 것은 예사다. 엉거주춤하게 아기를 업은 채 기저귀 가방을 들고 끙끙댄다. 뒤 따르며 핸드폰 줄을 귀에 걸고 홍얼거리는 엄마는, 여왕마마 노릇을 할 정도로 180도로 바뀐 세상이다.

엘리베이터에서 나이 든 여인이 하는 말을 그냥 웃어넘길 수가 없다.

"에잇. 나쁜 년, 그제 다녀갔는데 또 왔어. 게다가 혹(?)까지 붙여 달고. 저만 어려운가? 좋아하는 노래를 하고 연주도 해야 하는데, 당구와 댄스는 언제하나. 도대체 나보고 어쩌란 말이야!"

아이까지 데리고 온 딸을 두고 하는 친정어머니의 푸념이다.

나이 든 세대는 여필종부(女必從夫)라는 굴레 속에서 무조건 복종만 해야 했다. 모성애(母性愛)라는 이름으로 온몸을 바쳐 온 사랑은 위대하다. 남성들도 식솔들을 먹여 살려야 한다는 절박감에 어깨가 짓눌렸다. 가족만을 지키기 위해 허리가 휘도록 애써 왔다. 부모를 섬기고 자식을 양육하는데 최선을 다하는 것은 당연한 도리였다.

상담하는 동안 중병으로 고통 받는 60대 후반의 남성이 마구 쏟아낸다.

"아내가 조금만 잘못해도 나 보고 나가래요, 안 그러면 자기가 나간대요. 기가 막혀서 원 참…."

너무나 큰 충격적인 일이어서 당장 죽어버리고 싶다는 것이다. 가족을 위해 온 몸 바쳐 허둥댄 세월이 얼마인데 그러는가. 참으로 기가 막힌다. 겨우겨우 버텨왔는데 인생의 황혼 길에서도 구박을 받다니…. 버거운 짐을 지고 허덕였는데 이제 와서 어쩌란 말인가. 한심하다 못해 화가 치민다.

이제는 자신만을 위해 살아가라고 권유하고 싶다. 힘들게 일해서 몸이 망가진다면 그 누구도 좋아할 사람은 없다. 말년에 병원에 끌려가 슬픈 나날을 맞게 된다면 얼마나 서럽고 억울한 일인가. '모성애 때문에 어쩔 수 없다', '손자바보가 되는 것도 즐거운 일이다.', '모든 책임은 가장에게 있다.', '가정을 잘 다스려야 시국이 평안하다.' 이런 사고에 짓눌려 자기 인생을 뒷전으로 밀려나 가짜인생을 살아왔다.

자식들 앞에서 아프다는 소리를 절대로 하지 말라고 쉬쉬한다. 조그마한 핑계거리라도 생겼다 하면 그날로 현대판 고려장(요양원)에 보내진다. 고난의 하루하루를 부여 앉고 지난날을 뉘우치는 신세가 된다. 멀쩡한 부모를 아무데나 내다 버리는 자식이 늘고 있다니 천벌 받을 거다. 가족위해 온 몸을 던진 대가라면 너무나 가혹하고 애처롭지 않은가.

굶기를 밥 먹듯이 하면서도 밭고랑을 타고 산비탈을 오르내리며 눈물을 뿌렸다. 배우지 못한 한을 자식들로부터 풀어보고자 아등바둥했다. 대학이 우골탑(牛骨塔)이라 불리 울 정도로 온갖 고초를 겪었다. 생명줄 같은 논밭과 애지중지 하던 소까지 팔아넘길 수밖에 없었다. 가짜로 살아 온 생애가 억울하기 짝이 없을 것이다. 오늘을 사는 어른들의 독백을 들어보라!

"자식을 독립시켜주기보다는 아이들로부터 독립하는 것이 최선의 장수비결이다."

나는 없고 남들만을 위해 살아 온 것이 억울해서 그러는가보다. 그렇다면 자녀들은 과연 가짜가 아닌 진짜인 삶을 영위할 수 있을까? 4차 산업혁명시대에 돌입한지 한참이다. 해결하기 어려운 문제들이 쌓여간다. 올바르게 대처할 수 있을는지 염려스럽다.

좋은 직장만을 선호하는 일류병 속에서 헤어나지 못하는 세대다. 소신껏 일하는 과정에서 행복을 느낄 수 있는 법이다. 허덕이며 지내는 세월이 아깝다. 아이들은 한 줄로 서야만 하는 사회 분위기속에서 공부만을 강요당하며 신음한다. 가정과 학교나 사회에서 줄곧 어른들에 끌려 다닌다. 자신의 정체성을 뒤로 하고 헛것에만 매달린다. 이런 교육에 시달리는 과정에서 인간 본래 모습을 찾을 수 없다. 쉴 사이 없이 혹사당하는 모습이 안타깝다.

장미가 애초에 향기를 뿜고 있었듯이 인간도 본래는 아름다웠다. 스스로 찾아내어 마음껏 누리는 세상이어야 한다. 눈치만 보지 말고 훌훌 털어버리자. 짧은 인생인데 헛된 세월을 보내서야 되겠는가.

'가짜 인생!' 에라, 이제는 몽땅 집어던져 버리자.

독자들의 가르침

음악을 들으며 산책하는데 휴대폰으로 낭랑한 음성이 울린다. 들어보니 생각지도 못한 여자이어서 어리둥절해진다.

"안녕하세요. 저는 내포신도시에 사는 주부입니다. 남편이 구입했다는 수필집 『바람과 소리』를 읽었어요. 밤늦도록 읽으며 울다가 웃다가 했어요. 느낌을 적어 보냈더니 감상문 쓰기 대회에서 선두를 차지했어요. 정말 좋은 책은 이해하기 어려운 운 것이 아니네요. 암만 읽어도 지루하지 않고 오래도록 가슴에 자리 잡는 책이군요."

처음 대하는 일이라 놀랍다.

이튿날 이메일로 감상문을 보내왔다.

'이 책은 일기 형식으로 써 내려간 수필집이다. 삶에 슬픔과 아픔이 공존하듯 인생무상을 노래한다. 곳곳에서 흐르는 보통 사람 이야기가 하도 절절해서, 비수처럼 날아와 가슴에 꽂힌다. 어떤 문장에서는 흐르는 눈물을 주체할 수 없고, 다른 곳에서는 웃느라고 책 읽기를 멈추게 된다.'

내 글을 인정해 주는 독자가 나타났다는 사실에 뛸 듯이 기쁘다. 별스럽지 못한 글을 높이 띄워 주는 심성이 곱다.

새로 엮은 수필집을 보냈더니 회신이 왔다. 감정을 표현하는 능력이 예사롭질 않다.

'햇살이 엄청 뜨겁다. 벌써 여름이 되었나. 『49년만의 고백』을 읽는 동안 내 마음은 쏟아지는 햇볕을 받는 느낌이다. 아니 활화산 보다 더 뜨거운 흥분의 열기로 가득 채워진다. 지금 이 순간 같은 설렘은 처음이다. 눈물이 나려는지 눈가가 뿌옇게 물기가 서린다. 가슴에 담긴 뜨거운 전율이 뿜어져, 10 리 밖까지 뜨겁게 데워지는 느낌이다. 안경 아래로 흐르는 두 줄기 액체가 더 이상 쓰지 못하게 방해한다. 마침내 난 울고 있다.'

보내 온 내용이 용기를 돋우려고 일부러 배려한 듯하다.

'이 책은 49년! 아니 평생 동안 작가 주변의 일들을 슬픔과 기쁨으로 승화시켜 엮어냈다. 평범하면서도 한편으로는 그렇기를 거부하는 책이다. 물처럼 흘러간 삶을 다시 한 번 돌이키게 한다. 불타버릴 것 같던 마음의 열기를 식혀주는 보약 같은 내용들로 가득 채워졌다. 주옥같은 책을 만나 읽을 수 있는 나는 행복한 사람이다. 활력 없는 일상에 기쁨을 안겨준 글귀를 사랑하고 작가를 존경하고 싶다.'

수준 높은 문장력이다. 과분한 격려에 고무되어 마음이 고무풍선처럼 솟아오른다.

며칠 후 또 글이 올라왔다.

'작가님께! 지난번에 제가 올린 『49년만의 고백』 서평을 열어보았어요. 조회 수가 700번에 달하는 군요. 사람들이 어쩌면 글을 그렇게 재미있게 잘 썼냐고 야단들입니다. 작가님 덕분에 저까지 칭찬을 받았어요. 작가님! 오늘도 편지를 쓰는 동안 줄곧 행복합니다. 항상 건강하시고 두둥실 떠가는 흰 구름 같이 여유롭게 지내세요. 유유히 흘러가는 강물처럼 하고자 하는 일들이 순조롭기를 기도합니다.'

글 솜씨가 예사롭질 않다.

직접 수필을 써보라고 권유했더니 곧바로 답장을 했다.

'오늘도 가슴이 뛰었습니다. 가당치도 않게 불러주신 '작가' 라는 단어 때문입니다. 어찌나 흥분이 되는지 몸 둘 바를 모르겠습니다. 그런 말씀을 들으니 가슴이 울렁입니다. 정말 감사합니다만 아무래도 그 단어는 제게 너무나 안 맞는 과찬입니다. 보내주신 「나무도 경쟁만 하면 제대로 자라지 못한다.」 잘 읽었습니다. 세 번 읽고 나니 혼자 보기 너무 아까워 몇 분의 지인들한테 보냈습니다.'

단 한 번도 얼굴을 대하지 않은 독자의 열정어린 칭찬에 가슴 뜨거워진다. 아무리 따져 봐도 내 글이 참신한 주제나 소재가 못된다. 아름다운 기법은 더 더욱 아니다. 흠결이 수없이 많을 텐데도 지적을 않은 것이 마음에 걸린다. 곳곳에 나타난 진솔한 성원이 앞으로 제대로 쓰라는 가르침이 배어 있다.

보내 준 책값을 열배 백배보다 더 많이 받은 셈이어서 한 번 만나보고 싶다고 했다. 남편도 그러기를 원한다며 빠른 시일 내에 날짜를 잡으란다. 부부는 일심동체라 했나? 직접 대면하지 않았지만 잘 어울리는 한 쌍임이 틀림없을 것 같다.

요즈음 나에게는 책을 받은 분들의 답신들이 하나하나 도착되어 고맙고 소중하다. 현직에서 함께 근무하던 친구는 단숨에 끝까지 읽었단다. 우리 내외가 걸어 온 여정을 한 눈에 볼 수 있었다며 새벽같이 전화를 한다. 한 책상에서 공부한 초등학교 친구는 내가 동기생 중에서 가장 잘 살아 온 것 같다고 띄워준다. 그 나이에 이런 좋은 책을 쓴 것이 자랑스럽다니 쑥스럽다.

교수이자 여류 수필가가 붓 펜으로 정성껏 써서 보낸 사연도 있다. 내가 정말로 잘 썼나보다 하는 착각 속에 빠져들게 된다.

'김 작가님의 진솔한 고백을 들으니 가슴이 뭉클합니다. 때론 하도 재미가 있어서 많이 웃었습니다. 노년의 지혜를 들려주셔서 대단히 고맙습니다.…'

중앙문단에서 활동하는 중견 작가도 분에 넘치는 칭찬을 가득 펴 담아 보낸다.

'아내를 향한 따스한 마음이 제 편에 스며들어 가슴에 파란 물이 흠뻑 들게 합니다. 그간 살아오시면서 새롭게 맞닥뜨린 풍경이 아름답습니다. 생활 속에서 얻은 지혜를 한 올 한 올 엮어 내셨네요. 목적을 정하고 떠나는 오늘이 있기에 허무함 대신 내일을 향한 희망으로 나아갈 수 있겠지요. 〈중략…〉 겸손하셔서 팔불출이라 했는데, 사랑하는 사람을 향한 한줄기 마음이 덧보입니다. 여생을 더 가치 있고 의미 있게 해 드릴 겁니다.'

중등학교에서 한문과목을 가르친 동네 어른은 이런 시를 보내 주었다.

- 無影선생의 愛妻頌을 읽고 -

自豪妻子 八不出 (자호처자 팔불출) 처자식을 자랑함은 팔불출 이랬는데
誰問答曰 猶不足 (수문답왈 유부족) 누구에게 물어봐도 지나침이 없겠네.
犧牲獻身 向一念 (희생헌신 향일념) 남편 향한 오직 한 마음 희생과 헌신은
稟性善美勤儉約 (품성선미근검약) 타고난 착함과 아름다운 성품에 근면과 절약 때문이오.
回顧荊棘 如夢中 (회고형극 여몽중) 지나온 가시밭길 돌아보니 꿈만 같은 데
焉過偕老 年半百 (언과해로 연반백) 어느덧 50년 세월을 함께 보내셨구려.
引導夫君 主迎接 (인도부군 주영접) 남편을 인도하여 주님을 알게 되었으니
兩主必享 天上樂 (양주필향 천상락) 두 내외께서는 필연코 천상에서 즐거움을 누리리.

내 글이 읽는 이들에게 웃음을 주고 울게도 했다니 기쁘다. 삶의 지혜를 주었으며 자신의 지나 온 삶을 되돌아보게 했다니 뿌듯하다. 한편 부족한 것을 생각하면 민망스럽고 부끄럽기 그지없다. 이토록 많은 관심을 가져 주는 것은 앞으로 더 잘 쓰라는 채찍이다. 책을 보내 준 답례로 의례하는 인사임을 넘어 애정 어린 가르침을 준다. 글쓰기가 더욱 두려워지지만 그럴수록 잘 해야겠다는 마음으로 옷깃을 여민다.

몇 년 전에 첫 번째 수필집을 펴냈을 때 어느 선배는 이런 편지를 보냈다. '수필집 『빨간 동그라미』 발간을 축하합니다. 책 모양도 예쁘고 내용도 훌륭하군요.…'

장문의 사연과 함께 편지봉투 속에 소액환이 담겨져 있다. 등단한 지 얼마 되지 않아서, 그렇게도 하는 거로구나' 라고 생각했는데 실은 그리 흔한 일은 아니었다. 애송이 작가인 내가 여러 분들에게 과분한

대접을 받았으니 감개무량하다. 정작 나는 이제껏 받은 책에 대한 보답을 한 번도 제대로 해보지 못하고 성의 없이 겨우 전화만 했으니 부끄럽다.

높은 연세에도 왕성하게 문학 활동을 하시던 은사님께서는 책을 보내 준 작가들에게 일일이 답장을 쓰셨다. 왜 그렇게 어려운 일을 번거롭게 하시냐고 여쭈어 보았다.

"아니, 어떻게 보내준 책을 그냥 떼어 먹고 말아. 글 한 편이라도 읽어보고 답을 보내야지. 글을 써서 남에게 내어 놓기가 어디 그리 쉬운 일인가. 책 한권을 엮어서 펴내는 것은 뼈를 깎는 것보다 더한 일인데."

하늘나라에서 내려다 보시며 꾸짖으시는 것 같다.

한 줄 글을 쓰기가 어렵고, 한권을 엮어내기란 출산의 고통과 같은 것임을 예전엔 미처 몰랐다. 돌이켜보니 그동안 심혈을 기울여 보내 준 분들에게 무성의했다. 정성껏 보내 준 귀한 책을 등한시하는 사람은 되지 말았어야지. 성원해 주신 독자들의 진심어린 박수와 가르침을 오래도록 간직하련다.

사랑하며 살았노라

알록달록 도화지에 그려 놓은 듯이 산하가 온통 물들어 가는 계절이다.

> '내 인생에 가을이 오면/ 나는 나에게/ 어떻게 살았느냐고/ 물어보겠습니다.
> 나는 그 때/ 사랑을 많이 하며/ 행복하게 살았노라고/ 말하겠습니다.'

누구나 사랑하며 행복을 누리고 싶어 하지만 실제로 성취하기란 그리 쉬운 일은 아니다. 애써 모은 재산을 제대로 써 보지도 못하고 한 순간에 날려 버린 경우가 허다하다. 온갖 수단과 방법을 동원하여 쟁취한 권력도 오래 가지는 못한다. 선한 일을 하여 귀감이 되었으나 유혹에 빠져 한 순간에 나락으로 떨어지는 경우도 많다.

가치 있게 살다가 마무리를 잘 하려면 먼저 자신을 사랑해야 한다. 누구를 가장 사랑하느냐고 물었다. 꼬부랑 할머니는 하늘을 가리키며 먼저 떠난 영감 생각에 눈물을 흘린다. 젊은 아낙네는 남편 직장이 있는 곳을 향하는 것을 보니 다른 여자에게 눈을 돌릴까봐 조바심이다. 대형마트 주인은 돈을 벌어줄 고객에게만 관심이 있다. 아르바이트 대학생은 엄지손가락으로 자신의 가슴을 가리킨다. 나를 우선해야 한다는 표시다.

어느 판사는 15세 소녀 범에게, "이 세상에서 내가 제일 잘 났다."라고 외치게 한 후에 풀어주었다고 한다. 예수는 자신을 사랑해야 하는 것을 중요한 가치로 가르쳤다.

행복하게 살려면 육체와 정신을 잘 가꾸어야 한다. 건강한 신체에 건강한 정신이 깃든다. 마음을 다스리는 훈련도 해야 한다.'너 자신을 알라' 라는 진리를 잊어서는 안 된다. '불자굴불자고(不自屈不自高)'를 강조했다.'스스로를 낮추지 마라, 비굴해질까 염려된다. 스스로를 높이지 말라 교만해질까 걱정스럽다.' 란 뜻이다.

도둑처럼 다가오는 고통과 상처와 외로움을 슬기롭게 이겨내는 방법을 찾아야 한다. '고통 없는 인생은 삶의 의미가없다' 라 했고,'상처와 외로움은 훌륭한 스승이다.' 이라는 말도 있다.

> '외로우니까 사람이다./ 새들도 외로워서 울고,/ 종소리도 외로워서 울린다./ 산 그림자도/ 저녁이면 외로워서 마을로 내려온다. 하나님도/ 때로는 외로워서 운다.'

얼마나 감동적인가. 고통과 상처와 외로움 중 한 가지라도 견뎌내지 못하면, 흐트러진 모습으로 생을 마감하게 된다.

영혼을 사랑하는데도 집중해야 한다. 선진국에서는 어린이들을 일부러 장례식장에 데리고 가서 시신까지 보여준다고 한다. 누구든지 죽음을 피할 수 없다는 이치를 일찍부터 대비해가도록 하려는 의도다. 우리는 이 분야에 관심이 적어서, '죽음' 이라는 단어조차 입에 올리기를 꺼려한다.

사전의향서를 쓰거나 100가지를 버킷리스트로 작성해 놓는 이들이 늘어난다. 유서를 공증해 놓으라는 것이 남의 일이 아니다. 평소 가까이 지내던 사람들을 모아 놓고 미리 장례식을 치렀다는 일은 충격적이다. 한 번 죽으면 끝장이라는 사람들도 때로는 내세를 걱정한다. 꼬박꼬박 제사를 지내면서 실상도 없는 신을 어떻게 믿느냐며 어깃장을 놓는다.

영생을 추구하는 사람들은 믿음 생활을 하면서 값지게 살아간다. 역경이 닥쳐와도 기쁨으로 승화시킬 수 있음이다. 오직 인간에게만 주어진 영혼을 바라보며 산다면 행복한 인생이다. "나는 죽음의 공포가 없다." 라고 한 도산 안창호 선생님의 말이 마음에 와 닿는다. '몸과 마음과 영혼을 사랑하자.' 깊이 새겨야 하겠다.

"나는 사랑하며 살았노라!" 이렇게 세상을 떠나 갈수 있다면 더 바랄 것이 없겠다.

나는 왜 글을 쓰는가

'왜 글을 쓰는가?' 라고 묻는다면 어떻게 대답할까? 즐겨 쓰는 모습이 좋아 보여서, 주위의 권유로 인해서, 호기심이 들어서, 내가 지닌 재주를 드러내고 싶어서. 남에게 인정받으려고, 각기 다른 답변을할 것이다. 나는 '내가 쓰고 싶어서' 라고 말하겠다. 조금 더 과장을 한다면 '쓰지 않고서는 배길 수가 없어서' 이다.

어려운 형편인데도 어머니의 남다른 자식 사랑으로 중학교 모자를 썼다. 무슨 큰 벼슬이나 한 것처럼 으스댔다. 산간벽지에서 하늘만 바라보며 살다가 갑자기 도시에 나오니 시장에 내다 놓은 촌닭 같았다. 옷을 입은 맵시나 노는 방법과 운동하는 모습들이 나와는 사뭇 다르다. 책 읽는 모습을 보니 다른 세상을 만난 것처럼 부럽다.

자취집 부근의 헌 책방을 기웃대면서 입맛을 다신다. 인심 후한 주인 덕분에 읽다가 글 속에 빠져버린다. 상급학교에 진학 후 계속해서 글맛을 더 보려고 배운다. 현직에서도 간간이 틈을 내서 읽고 쓰는 일을 이어간다. 업무시간에 그러다가 상사들에게 꾸중을 듣기도 한다. 차츰 지위가 오르게 되니 신문사의 원고 청탁 때문에 밤잠을 설친다.

퇴임 하자마자 가뭄에 물 만난 고기처럼 글의 세계로 뛰어든다. 유명 작가로부터 지도를 받고 동아리에서 글을 다듬어 간다.

'구하라 그리하면 얻으리라.' 했던가. 수필가이신 은사님께 지도를 받을 수 있는 기회를 얻었다. 글 쓰는 법을 제대로 배우고 싶었는데 야속하게도 기본적인 참고자료만 주고 팔짱을 끼신다. 가르쳐 달라고 조를 때마다 잘 쓰고 있다고 하시며 딴죽만 거신다. 이 분이 먼 곳으로 떠난 후에야 왜 그랬는지를 터득하게 된다. 당신 말만 듣다가는 나다운 글을 쓸 수 없기 때문에 그랬나 보다.

'글 독촉이 빚 독촉보다 더하다.' 는 말에 서두르기도 했다. 몇 군데 문학사에 열심히 써서 보냈다. 잘 써지지 않을 때면 책을 읽어서 충전했다. 투고 한 글이 막상 활자로 찍혀 나오면 오탈자는 물론이고 질 낮은 글임을 알아채고 후회한다.

내로라하는 문인들 틈에 끼어 배움의 길을 걷는다. 감히 넘보지 못했던 등단이라는 기쁨을 맞는다. 중앙의 문학회에 가입해서 꿈에도 그리던 작가라는 이름으로 불리 운다. 그에 걸 맞는 몫을 해보려 하지만 녹록치 않다.

대학에서 '자기표현' 이란 과목을 가르쳤다. 문예대학에서는 수필가들과 서로 가르치고 배운다. 작가가 되려는 길은 멀고 험하지만 그 보람이 몇 배 더 클 것이라는 기대에 취한다. 그래서 오늘도 이렇게 자판을 두드려댄다. 나는 정말 쓰고 싶어서 쓴다. 하루도 쓰지 않고는 못 견딘다면 지나친 표현일까? 누가 시켜서 그러는 게 아니다. 그냥 쓰고 싶어서다.

아내는 내가 글을 몰아 쓴다 싶으면 표정이 일그러진다. 요즈음 책을 발간할 계획임을 눈치 챘는지 정도가 더욱 심하다. 필시 약해져만 가는 건강을 염려해서 그러지만, 이대로 물러설 수는 없다. 다른 건 몰라도 이 일만은 멈출 수 없다. 언젠가는 왜 그렇게 쓰려고 하는지를 알게 될 날이 올 거다.

성격 때문일까. 아니면 부질없는 집착인가. 어쩌면 남보다 조금 일찍부터 글과 친해 온 영향일지는 모른다. 한 번 붙었다 하면 끝장을 보아야 하고 일이 잘 풀리지 않으면 잠을 이루지 못하는 심성이 발동했음이리라.

아니다! 그건 아니다. 그저 쓰고 싶어서, 하기 좋아서, 그렇게 하지 않으면 견딜 수 없어서다. 어제도 적고 오늘도 다듬으며 내일은 새 글을 시작할 거다. 누가 무어라 해도 결코 바뀌지 않는다. 열정이 식는 날이면 모든 것이 끝장이다.

어느 교과서에서인가 '메모광' 이란 제목의 글을 읽었다. 감히, '나도?' 하며 거드름을 피워본다. 책을 읽거나 신문과 방송에 등장하는 문학적 표현들을 뽑아서 기록한다. 좋은 글귀를 듣고 보거나, 새로운 생각이 떠오르면 즉시 휴대폰에 메모한다. 기묘한 자연현상을 대하거나 겪은 값진 경험과 다른 이들의 언행에서 글감을 얻는다.

쓴 글이 신통치 않을 때면 '나도 깊이 느끼지 못하는데, 무슨 재주로 남들을 감동시켜?' 라며 자책한다. 가슴에 와 닿는 글감을 잡으려고 노력을 기울인다. 이런 소재로 메시지를 정하면 컴퓨터 앞에 앉는다.

피로할 땐 핸드폰을 잡고 침대에 눕거나 여행하면서도 쓰고 다듬는다. 전동차 안에서 그러다가 목적지 역을 그냥 지나가게 되어 모임에 지각하기도 한다. 이런 낭패를 겪을 정도이니 나도 '쓰기 광(?)' 이 된 것이 아닌가하는 생각을 하기도 한다.

삼다활동[(三多活動):다문(多聞), 다독(多讀), 다상량(多商量)]의 길을 걸어가야 하겠다. 제대로 된 작품을 낳기 위해서는 시간과 장소를 불문하고 귀와 눈과 머리를 부지런히 움직이자.

글을 쓰는 일은 나만이 아니라 다른 이들에게도 선한 마음을 가슴에 앉혀주기 위한 것이다. 나만이 아니라 더 큰 것이 보태진다니 옷깃을 여며야겠다. 하고 싶은 일을 하면 성과가 크듯이 쓰고 싶은 것을 쓰면 효과가 높아지리라. 지혜로움과 착한 심성과 아름다운 영혼을 가꿀 수 있는 글을 쓸 수 있기를 소원한다. 이것이 내가 글을 쓰는 이유이다.

내 인생 끝까지

나이가 꽤 들었는데도 어린애로 불릴 정도였다. 어머니 누나와 단 세 식구 중에 나만 남자라서 그랬나 보다. 열 살이 가까운데도 어머니 젖을 만지며 어리광을 피웠으니 알 만하다. 먹는 것과 입는 것을 비롯해서 좋은 건 언제나 내가 먼저다.

대소가 어른들도 귀여워해 주셨다. 아버지 4형제 분 중 자녀가 열세 명이었는데 남자는 단 둘뿐이다. 후손을 많이 두기를 원하던 증조부님께서는 내가 태어나니까 매우 기뻐하셨단다. 충청남도(忠淸南道)를 대표하라며, '남식(南植)'이라고 손수 이름을 지으셨다. 출생하자마자 교통이 불편한 시절에 원거리인데도, 즉시 출생 신고를 하도록 했다니 얼마나 반가워하셨는지 짐작이 간다.

줄곧 어린애 취급을 받다가 결혼 후에도 그런 대접을 받았다. 어머니께서는 항상 그랬고 누나도 같았다. 한 번도 아버지라 부르지 못하고 자란 내가 얼마나 가여웠으면 그랬을까? 생각할수록 가슴이 미어진다.

나 때문에 홀대를 받아 온 누나에겐 미안한 마음이 떠나질 않는다.

어머니는 유독 차별을 많이 하셨다. 강원도에서 구입해 오셨다는 토종꿀단지를 높은 장롱 위에 올려놓고서 나만 떠먹였다. 이런모습을 쳐다보며 꼴깍꼴깍 침만 넘기며 울상 짓던 누나 얼굴을 지울 수가 없다. 언제나 나를 위해 일하셨고 나를 우선으로 앞에 놓았다. 누나는 모든 것에 뒷전으로 밀리는데 익숙해졌는지 아예 비켜서곤 했다. 언젠가 미안한 마음을 직접 전하기는 했지만, 수십 년이 지난 지금도 그 생각을 하면 용서를 빌고 싶다.

아내도 닮아 간다. 자기 집에서도 그런 차별을 받았는지, 시어머니를 거역할 수 없었는지는 알 수 없다. 특별히 필요한 경우를 제외하곤 주방에는 얼씬도 못하게 한다. 방안 청소를 당부하는 일도 없다. 사소한 기구도 제대로 다루지 못하는 내가 못 믿기는지 웬만한 문제는 혼자서 해결하고 만다. 급속히 바뀌어가는 시대에 이런 우대를 받아도 되는지 모르겠다. 그러는 내가 염치코치 없는 얌체 같다.

갈수록 양양이라고 한 술 더 뜬다. 건강식단을 차려주려고 애를 쓰는데도 투정을 하고, 제철에 입을 만한 옷을 사주지 않는다고 웅얼거린다. 가시만 찔려도 엄살을 떨고 감기라도 걸린 듯싶으면 죽는 시늉을 한다. 조그마한 걱정꺼리만 생겨도 집안을 온통 뒤집어 놓으려 든다. 지금 세상에 어떻게 이럴 수 있는지 겁이 없어도 너무 없다.

남자가 집에서 쫓겨나는 유머가 있다. '아내가 화장을 하거나 곰국을 끓여도 아무 말을 하지 말아야 한다. 어디 갈 거냐고 묻기만 하면 꼬집힌다. 더 나이가 들어선 잠자다가 아침이 오면 가만히 있어야 한다. 만약 자기 마음대로 일어나면 혼쭐이 난다. 아주 폭삭 늙었는데도 집에 있으면 산으로 쫓겨난다.' 소가 웃고 닭이 울 노릇이다.

이제 내가 그 꼴을 당하게 생겼다. 아내가 큰 솥에 된장찌개와 족탕과 조갯국을 끓인다. 깻잎에 양념을 바르고 멸치와 고추장을 볶는다. 시금치나물과 버섯을 무치고 오징어채도 만든다. 아무 말 않고 하는 일에만 집중하는 모습이 수상하다. 아니나 다를까, 여고 동창생들과 중국여행을 떠난단다. 그것도 5박 6일이나?

"이거 큰일 났네. 나는 어떡하라고? 함께 데리고 갈 일이지."

농담을 얹으며 의중을 떠봤다가 한 방 먹었다.

이제는 부엌데기 신세다. 중학교 때 2년 간 자취를 해 본 뒤로는 주방 일을 한 적이 없다. 수첩을 들고 밥 짓는 과정을 하나하나 적는다. 솥부터 이상하게 생겼다. 생김새가 다르고 손잡이도 길다. 쌀과 잡곡 그릇이 어디 있는지 모르겠다. 쌀을 닦고 물 양을 조절하는 것은 말할 것도 없고 솥뚜껑 닫는 것조차 어렵다. 김이 나기 시작해서 2분 이상 기다렸다가, 일단 불을 끄고 10-20분 후에 뚜껑을 열어야 한다. 잘 해낼 수 있을는지 걱정이다.

보일러를 켜고 끄는 것, 청소기 운전하기, 세탁기 돌리기, 할 일도 많다. 기록한 판을 식탁 위에 붙여 놓고 읽고 또 읽어도 자신이 없다. 날마다 몇 번을 되풀이해서 묻고 반복해서 연습한다. 아무리 그래도 잘 안 되니 큰일 났다. 진즉부터 눈여겨 볼 걸.

아내는 혼자서 다 해내느라 얼마나 힘겨웠을까. 허리와 어깨와 무릎, 안 아픈 데가 없다며 호소한 까닭을 이제야 알겠다. 병원에만 데리고 갔지 특별한 관심을 두지 않은 내가 잘못이다. 후회스럽지만 이미 떠나가 버린 버스다.

새삼스레 아내를 생각하게 된다. 내리 아들 5형제에 이어 첫딸로 태어나 온 가족의 귀여움을 독차지한 그녀다. 내 집에 데려다 이런 꼴을 만들었으니 못할 짓을 했다.

나를 혼자 두고 떠나자니 발길이 떨어지지 않는 모양이다.

"여보, 나, 가요. 잘 챙겨 자시고 몸조심해요. 막상 떠나려니까 어린 애만 떼어 놓고 도망가는 느낌이네요. 미안해요."

집안이 온통 비었다. 서툴지만 간신히 식사를 해결한다. 자식이나 친척들이 사주고 동네 사는 선배나 음악봉사팀 회원을 불러서 먹는다. 닷새 밤 내내 허전해서 뒤척거리다가 잠을 제대로 이루질 못한다. 보고 싶고 궁금해서 전화를 해도 응답이 없다. 카카오 톡이나 문자메시지도 감감 무소식이다. 인솔자까지 연결이 안 되어 속을 끓인다.

시계를 보고 다시 또 들여다보고 있는데 드디어 기다리던 전화벨이 울린다.

"여보! 고생 많았죠. 별 일 없죠? 나 지금 인천 공항에 도착했어요. 밤이 깊었는데 먼저 자요."

'잠은 무슨 잠? 속도 모르고…, 오기만 해봐라 그냥 두나.' 마음은 잠시이고 돌아오기를 고대한다. 수십 년 떠나 있던 이산가족을 상봉이나 하는 듯이 반갑기 그지없다. 별 내색을 않고 내숭을 떤다. 평소 말수가 적은 사람인데도 내 눈치를 살피며 여행한 경험을 늘어놓는다. 속으로는 그렇게 고마울 데가 없지만 딴전을 부리며 심통을 부린다. 나는 해외를 수차례 다녔지만 아내 혼자서는 이번이 처음인데도 그런다.

이튿날 아침, 누나에게 선물을 갖다 드려야 한다고 재촉한다. 팔십을 훨씬 넘어서 얼마 전부터 거의 방안에서만 생활한다. 아직도 나를 어린애로 생각하는지 내 걱정을 한다. 만날 때마다 아픈데 없느냐며 얼굴을 쓰다듬어준다. 보고 싶은 마음에 둘이서 가끔 찾아 가는데 이번엔 아내가 먼저 서둘러 주어서 고맙다. 시누이와 올케 사이인데도 자매처럼 친하게 지낸다.

"남매 단둘뿐이라며 입버릇처럼 말하더니 설 명절에도 안 갔잖아요. 말로만 그러면 안 되지요. 오늘이 대보름이니 저녁이나 사드리지요."

배려해 주는 마음이 따뜻하다. 어서 빨리 달려가야 한다. 이때나 저때나 얼마나 기다렸을까를 생각하며 액셀을 꽉꽉 밟아댄다. 다리 밑에 유유히 흐르는 강물도 미소를 던지는 모양새다. 어린 시절로 돌아가 동요를 부르니 아내도 따라 한다.

"과~꽃 예쁜 꽃을 들여다보면. 꽃~ 속에 누나 얼굴 떠오릅니다. 시집간지 온 삼년 소식이 없어. 누~나가 가을이면 더~ 생각나요."

누나가 대문 앞에서 끌개를 의지하고 있다. 고개를 길게 빼고 있다가, "누나!" 하는 바람에 화들짝 놀란다. 껴안아 주니 일그러진 표정으로 얼굴을 내 볼에 대고 비빈다.

"어디 아파? 얼굴이 왜 이리 수척해졌어. 제발 몸조심 해. 동생!(시누이인 내 아내에게도 그렇게 부름) 몸에 좋은 것들 많이 먹이고 병원에 좀 자주 데리고 가줘, 응?"

어려서 세 식구가 보름달을 바라보면서 세상이 다 내 것인 양 발을 굴렀다. 안방에 나란히 누워 부르던 노래가 들려오는 듯하다.

엄마야 누나야. 강변 살~자. 뜰에는 반짝이는 금~모래. 빛 뒤~문 밖에는.
갈~잎 노래. 엄마야 누나야 강변 살~자."

이 얼마나 좋으냐. 이 나이까지도 이렇게 사랑받고 있으니…. 나 같은 사람 있으면 나와 봐라. 그래! 나는 인생 끝까지 어린애처럼 응석을 부리며 살고 싶다.

마음이 흔들린다

4부

부딪히고 어울리어

혼자 끙끙거리지 말고 함께 어울리며 껄껄거려 보자.
꽃들은 햇빛과 어울려 피고 새들도 바람에 섞여 노래한다.
음악이 정박자로 흐르면 멋스럽고, 엇박자로 가면 엉망진창이 되어 버린다.
어느 것을 택할 것인가는 바로 나의 몫이다.

떠나가는 사람, 다가오는 사람

떠나가는 사람이 웃으면서 손을 흔들어주면 아름다움이 남는다. 다가오는 이들을 뜨겁게 맞이하면 서로가 행복해진다. 인간관계는 헤어짐과 만남의 연속이라 할 수 있다. 가깝게 지내던 사람과 떨어지면 안타깝다. 푸근하게 대하며 친절을 베풀어주면 기대고 싶어진다.

나이가 들어서인지 점점 멀어져 가는 느낌이다. 얼마 전까지만 해도 손자손녀들이 자주 들렀다. 무릎에 앉아 재롱을 피우면 얼마나 귀여운지 어쩔 줄 몰랐다. 그림을 그리면 재미있고 동요를 부르면 더욱 신난다. 자리에 누워 껴안고 옛날이야기를 들려주면 까만 눈동자를 반짝거린다. 더 이상 부러울 게 없다.

학교에 다니면서 만나기가 힘들어졌다. 애교를 떨던 막내 손녀는 초등학교에 입학한 후로는 발걸음이 뜸하다. 학교 공부가 끝나면 영어와 피아노학원엘 가고 집에 와서는 창의력 신장 프로그램에 참여한다. 학교와 학원 숙제에 밀려 밤늦게까지 동동대는 모습이 불쌍하다. 한 달이 되었는데도 얼굴을 볼 수 없어 섭섭하더니 미운 생각마저 든다. 중 · 고등학교에 다니는 녀석들은 잘 들르지 않고, 대학에 입학하면 전화도 자주하지 않는다.

종형제들은 내 생일이나 계절이 바뀔 때면 번갈아 찾아왔다. 차에 태우고 해변과 유명한 사찰을 두루 돌았다. 볼거리와 먹을거리를 함께 즐겼는데 요즈음은 횟수가 점점 줄어든다. 사소한 일을 겪는 듯싶으면 득달같이 달려오던 자식들마저도 얼굴 보기가 힘들어졌다. 서운한 마음을 어떻게 다 표현하랴.

어려서부터 떨어져서는 못 살 것 같았던 친구도 멀어진다. 몸이 성칠 못해서, 멀리 떨어져 살아서, 이런 저런 일로 만나기가 어려워진다. 어떤 때는 인생을 헛되게 살아 온 기분마저 든다.

애석해 하는 나를 본 이들은 노래에 빗대어 위로하려 든다.

"운다고 가는 님이 다시 오려나~~. 눈물로 달래보면~~…."

이런 시도 읊는다.

"나 보기가 역겨워 가실 때에는 사뿐히 즈려밟고 가시옵소서…."

따끔하게 충고도 한다.

"아니, 꼴 보기 싫은 사람을 왜 못 떼어 놓고 힘들어 해. 지구상에 7억이 넘는 인구 중 평생 한 번도 만나지 못하는 사람이 얼마나 많은데…. 그냥 깨끗이 지워버리고 말아. 어울릴 사람 많잖아? 나 같으면 애초에 싹 잘라 버렸어. 너는 정이 너무 많아 탈이야, 가슴 아파할 필요가 뭐 있어. 인생 얼마나 남았다고, 일분일초가 아까운데."

구제할 수 없는 자는 과감하게 잘라내야 한다. 만나는 대상에 따라 태도를 바꾼다면 애당초부터 나쁜 사람이다. 행동보다 말을 앞세우고 이래라 저래라 지시하는 자는 멀리 해야 한다. 악의적으로 음해하거나 비밀스런 정보를 슬쩍 훔쳐가는 이는 파렴치한이다. 무시하고 깔보면 일단 제쳐 두어야 하고, 사촌이 땅을 사면 배 아파하는 인간은 저질 중에 으뜸임을 알아야 한다.

멀리하거나 끊어버리되 부득이하면 적절히 거리를 두면 된다. 피하려 들면 독수리가 토끼 대하듯 자꾸만 할퀸다. 그렇다고 싸우려고 대들면 안 된다. 잘 판단하고 대처해서 충돌을 피해 가야지 맞대응하면 똑같은 사람이 된다. 그냥 둬라. 먼저 건드리지 않으면 내 쪽에 대고 오줌도 누지 않는다. 상대의 오점을 반면교사(反面教師)로 삼아 고쳐가는 지혜를 발휘할 수 있어야 한다. '인간만사 새옹지마(人間萬事 塞翁之馬)!', 그 의미를 꼼꼼히 따져볼 일이다.

즐거움과 기쁨이 넘치는 만남이 더 많아서 사는 보람이 있다. 퇴직한 지가 10년이 훌쩍 넘었는데도 마지막 근무하던 시골학교 어머니회장 내외가 정겹다. 이른 봄이면 비닐하우스에서 재배한 채소를 듬뿍 갖다 줘서 유기농 식사를 즐긴다. 어떤 때는 나도 모르는 사이에 농장에 들러 밭둑을 깎고 수로를 파며 약을 뿌리는 등, 보통 사람으로서는 생각지도 못할 일을 하고서도 시치미를 뗀다.

"교장선생님! 밭에 한번 들러 보세요. 작물들이 잘 자라던데요."

늦은 가을이면 손수 농사진 고추와 들깻잎과 햅쌀 자루를 이고 지고 현관문을 들어선다. 이마에 땀을 훔치면서도 너스레를 떨면서, 맛 집에 가서 고급스런 음식까지 대접해 준다.

학교의 어려운 일들을 시원스레 처리해 주던 운영위원장은 우리 집

해결사로 갈아탔다. 못 하나도 제대로 박지 못하는 기계치라 조그만 일만 생겨도 쩔쩔맨다. 농장의 전기나 수도 등 크고 작은 문제가 생기면 전전긍긍한다. 그럴 때마다 번개같이 달려와서 척척 풀어준다.

함께 근무한 직원들도 원거리인데도 불구하고 달려와서, 차 대접을 해주며 추억을 더듬는다. 제자들 또한 원근불구하고 봄과 가을에 몰려와 우리 내외를 즐겁게 해준다. 나 말고 이런 복을 탄 사람은 나와 보라고 해라.

누가 가는 사람 잡지 말고 오는 사람 마다하지 말라 했는가. 떠나가는 사람이 늘지 않도록 바르게 처신해야 한다. 만나서는 안 될 사람은 가슴에 담아 두지 말자. 떠나가는 사람일랑 웃으면서 보내고, 다가오는 사람은 반갑게 맞자. 이것이 바로 오늘을 살아가는 지혜가 아닌가.

친구는 하나면 족하다

사람들과 관계를 맺다보면 어려운 일이 생기기 마련이다. 내 잘못이라고 생각해 버리지만 때로 억울한 마음도 든다. 성격이 남달라서 어려서부터 열정적으로 살아 온 편이다. 나름대로 부지런히 공부하고 밴드부와 문예반에서도 활동했다. 축구, 배구 등 구기와 권투와 태권도 등 호신술도 연마했다. 학생회장에 선출되어 활동을 함으로써 학우들의 부러움을 샀다. 교직에 근무하면서도 선두주자라는 말을 들으며, 교감, 교장, 장학사, 교육연구사, 장학관, 교육장 등, 초고속으로 승진했다.

때문에 주의 사람들이 시기하고 경계해서 힘들기도 했다. 별일 아닌데도 화를 내면 밉고 듣지 않는데서 험담해서 마음이 아프다. 남의 탓이 아니라 내 탓이라는 것을 알면서도 막상 그런 사람 면전에 서면 떨떠름하다. 가까운 사람에게 배신을 당하기도 한다. 열 번 잘하다가 한 번만 잘못해도 돌아서는 세상이라며 분을 삭이지 못한다. 다시는 그런 일이 생기지 않게 하려고 노력하는데도 충돌이 생기면 안타깝다. 어떤 사람은 이렇게 강조한다.

"싫어하는 사람 때문에 내가 불행해 해야 할 이유가 없어. 좋은 사람들만 대하겠다고 마음먹고 진심으로 아껴주는 얼굴들만 기억하면 되지 뭐. 지금 자리를 함께 하는 열 명 중 서넛은 나를 좋아하지만 한 두 명은 미워하게 마련이라네."

이 말을 기억하며 싫은 사람을 피하고 좋은 사람들과는 어울리려고 노력한다.

엊저녁에 폭염경보가 내렸다. 농장에 가본지가 오래되어 새벽같이 달려갔다. 풀들과 격투(?)를 마치고 귀가했다. 전화벨이 울리더니 전하는 말에 정감이 듬뿍 담겼다.

"어이! 더운데 뭐해? 보내준 책을 받은 후부터 줄곧 읽었네. 내외분이 진솔하게 사는 모습이 부러워. 미처 몰랐던 친구의 모습을 새롭게 보게 되어 많이 배웠네. 자네 안방마님 음식솜씨를 여러 번 맛보았는데, 당시에 대접해 주던 장면들이 생생하게 그려졌더군."

이어지는 칭찬과 격려가 민망할 정도다. 평소에도 애처가인 줄 짐작은 했지만 이번에는 작심하고 팔불출이 되었다며 놀려댄다. 나처럼 임금마마로 떠받들어주는 왕비마님이 어디 있느냐며 떠받혀준다. 몸이 그토록 불편하면서 어떻게 단시일 내에 책을 만들었냐며 호들갑을 떨고, 어쩌면 그렇게 치열하게 살 수 있느냐며 띄운다. 그런 나를 친구로 둔 것이 자랑스럽다며 덧붙이는 바람에 코끝이 찡하다.

"여보게, 친구야! 자넨 다 좋은데 앞만 보고 달리는 것이 문제야. 건강 때문에 얼마나 어려움을 겪었나? 이제 정신 좀 차리게."

몇몇 친구들과 일주일에 한 번씩 만나서 오락을 즐긴다. 게임이 중지되고 식사를 한다. 자상하게 전화하던 그 친구가 나보고 남아있으라며 눈짓을 한다. 문을 닫아걸고 뜬금없이 현란한 무늬의 팬티를 불쑥 내민다. 어서 입어보라며 내 혁대를 풀더니 바지까지 내린다. 몹시 황당한데 던지는 한마디가 정겨움이 흠뻑 배었다.

"요즘 같은 무더운 날씨에도 입으니까 땀이 안차? 어서 입어봐."

쓰고 있는 모자까지 벗겨서 내던져버리더니, 그 다음 주에는 그럴듯한 모자 두 개를 번갈아 가며 씌워 주었다.

새로운 근무처로 발령을 받았을 때의 선임자이자 친구다. 책상에 앉아 조용히 연구만 하던 부서에서 바쁜 자리로 옮기게 되니, 업무도 제대로 파악하지 못해서 애를 먹었다. 산더미처럼 밀려 있는 일 때문에 일요일인데도 출근하여 낑낑대는데, 어떻게 알았는지 쌓인 일거리를 빼앗아 간다. 혼자서 고생하고 있을 내가 염려되어 휴일도 반납하고 온 것이다. 시원하게 일을 처리해 주고 저녁까지 대접해 주니 친 형제 같았다.

처음 만나서는 사무실 내 분위기를 비롯해서 근무요령까지 소상하게 일러주었다. 3년여 간을 함께 지내면서 도움을 주니 가정일까지 걱정을 해주는 사이로 발전했다. 가끔 우리 집에 들러서 병환 중의 어머니를 위로해 드렸다. 장례식 때는 친 형제처럼 일을 도맡아 처리해 주어 더욱 깊은 정을 나누며 지냈다. 내가 일생일대에 가장 힘든 지경에 이르러 두문불출하고 쳐 박혀 있을 때도 그랬다. 내외가 찾아와서 산과 바다로 데리고 다니면서 볼거리와 먹을거리로 시름을 달래 주곤 했다. 만난 지 어언 30여년이 지났는데도 조금도 변하지 않으니 참 좋은 친구다.

차를 타고 장거리 여행을 하는 도중에 막내가 이런다.

"아빠! 아빠는 친구가 참으로 많은 것 같은데 진짜 친구는 몇이나 돼? 음 ~ 만약에 한밤중에 급한 일로 와달라고 부르면 즉시 달려 올 사람 몇이나 있어? 경제적으로 어려워서 부탁하면 큰돈일지라도 기꺼이 내어 줄 사람은 얼마나 되어."

선뜻 대답을 못했는데 바로 나를 아껴주는 이런 사람을 두고 하는 말인 것 같다. 지금도 만날 때마다 가족들의 안부를 묻고, 건강에 좋다는 약초와 의료 기구를 소개해 준다. 치료를 잘한다는 병원도 안내해 주곤해서 이제는 힘든 듯하면 최우선으로 도움을 청한다.

친구는 하나면 족하다고 했다지만 이런 사람은 많을수록 좋다. 몸이 부자유한데도 오히려 내 걱정을 해주는 이가 있다. 정신적으로 심한 고통을 겪으면서도 따뜻한 사랑을 흠뻑 쏟아주는 사람도 감사하다. 심약해서 때로 어려움을 겪지만 용기를 불어 넣어주는 이에게서는 새로운 힘을 얻는다.

'친구는 둘이면 많고, 셋이면 넘치며, 하나면 족하다?' 나에게도 진실한 친구가 있다는 것이 더없이 자랑스럽다.

뒤웅박 팔자

거울 앞에서 선글라스를 썼다 벗었다 부산하다. 어르신들을 모시고 고향 쪽으로 나들이를 하는 날이다. 허리가 심하게 꼬부라진 할머니가 끌개에 몸을 의지한 모습이 안쓰럽다. 위로하는 내 말에 대한 응답은 예상보다 힘이 실렸다.

"어려워도 가야지요! 한 발짝씩 따라가면 되겠지요. 아프다고 누워 있으면 무슨 일인들 할 수 있겠어요. 사람팔자 알 수 없잖아요. 내 나이 팔십 여섯인데 언제, 어떻게 될지 누가 알아요. 젊은이들이 거들어 준다니 가보아야겠어요."

차안에는 도란도란 즐거움이 가득한데 어느덧 목적지다. 산중턱 건물에는 '뒤웅박' 이란 글자가 선명하다. 초록빛 싱그러운 산기슭에는 장독대들은, 팔자 좋게 졸고 있다.

가물가물, 뒤웅박 고개를 바라보자니 9.28 수복 때 도로 보수하던 생각이 난다. 동네 어른들과 부역에 참여할 수 있는 남자라고는 어린 나 하나뿐이었다. 꽁보리밥을 담은 뒤웅박을 메고 나서서, 험한 고개를 오르느라 얼마나 애를 먹었는지 모른다.

'8' 자 모양의 개미처럼 꼬부라진 언덕길은 6.25당시 치열했던 격전지다. 무려 428명이나 되는 미군이 전사했다는 이야기에 소름이 끼친다. 으스스한 분위기 속에서 온종일 가파른 언덕을 오르내리자니 무섭고 떨렸다. 그것도 잠시 배당된 모래와 자갈을 퍼 나르느라 땀을 뻘뻘 흘렸다.

늦은 저녁에 허기진 배를 움켜쥐고, 기진맥진하여 집에 도착했지만 맞아주는 식구가 없다. 누나는 큰집 일을 도우러 갔고 엄마는 장사를 나가셨다. 혼자서 징징거리다가 마침내 툇마루에 털썩 주저앉았다. 땅거미가 질 무렵까지 다리를 비벼대며 통곡을 하다가 바스락거리는 소리에 놀라 그만 딱 멈추었다. 방문을 걸어 잠그고 이불을 푹 뒤집어 쓴 채 숨을 죽이며 훌쩍거린 일을 생각하면 지금도 가슴이 저리다.

성장하면서 갖가지 어려움을 많이도 겪었다. '내 팔자인데 어쩔 수 없지 뭐.' 라고 스스로를 원망했다. 이럴 때마다 어머니께서는 끄게 꾸짖으셨다.

"정신 차려, 이놈아! 사내 녀석이 어쩌려고. 아이 참 ! 그래가지고 무얼 해 처먹겠니. 어리석긴 쯧쯧!"

이런 버릇을 좀처럼 놓지 못하다가 때로는 밥그릇까지 빼앗기며 얻어맞기도 했다. 혼쭐이 날 때마다 주먹을 불끈 쥐고 스스로 일어서야겠다고 굳게 마음을 먹었다. 엄한 가르침이 없었더라면 아무것도 이룰 수 없었을 것이다.

이런저런 상념에 잠기며 일행과 함께 박물관에 도착한다. 젊은이가 끌개에 몸을 의지하며 간신히 걷던 할머니를 등에 업는다. 비탈을 오르면서 도란도란 정답게 대화하는 모습이 영화의 한 장면 같다. 된장과 간장과 고추장들과 관련된 시설물에 대한 설명을 듣자니 벌써 점심때다. 장으로 만들어진 메뉴에다가 웃음이 섞여지니 입맛은 더해 간다. 할머니가 보태는 말에 고개가 끄덕여진다.

"이렇게 좋은 말을 타고 구경을 하고 맛난 장맛도 골고루 볼 수 있으니 좋구먼. 늙었다고 신세한탄만 하며 안 왔더라면 큰일 날 번했네."

오후 일정도 재미있다. 비누재료를 분배받아 물에 개어 두드리고 다져서 메주 모양을 만든다. 같은 재료인데도 누구의 손길이 닿느냐에 따라 모양이 다르다. 안내자의 설명이 그럴듯하다.

"꼬부라진 박을 쪼개면 단면이 마치 '8자' 처럼 보입니다. 여자는 어떤 남자를 만나느냐에 따라 운명이 결정됩니다. 바로 이런 것을 '뒤웅박팔자' 라고 하지요."

아침에 라디오 프로그램에 등장했던 노부부의 대화도 비슷했다.

"우리 둘이 만난 건 운명이고 팔자지요? 여보! 다시 태어나도 같이 살아요. 네?"

"팔자는 무슨? 골빈 소리 그만해! 지긋지긋한데 또 같이 살자고? 어림없는 소릴랑 아예 하지 마. 히~히~히…."

혹여 팔자타령이나 남존여비 사상을 논한다면, 무슨 뚱딴지같은 소리냐고 비웃음을 살 거다. 현대 여성들은 부모 허락 없이도 남편을 만나 주도권을 잡는다. 원하는 일이라면 무엇이든 시작하고, 한번 결정했다하면 밀고 나가 반드시 이루고야만다.

맞다. 과거 생각을 버리지 못하고 포기한다면 아무 것도 이룰 수 없다. 오늘은 오늘이고 어제는 어제다. 사방팔방이 꽉 막혀서 빠져나가기 힘들더라도 헤쳐나아가야 한다. 앞으로 펼쳐질 길을 향해 열심히 살아가야 한다. '뒤웅박 팔자'. 이런 말은 아예 입에 담지도 말아야겠다.

거짓말

거짓말 잘하는 이를 두고 여러 가지 이야기들을 한다.

"그 사람 말하는 걸 보면 속이 훤히 들여다보여."

"한두 번도 아니고 번번이 속이려드는지 모르겠네."

"어쩌면 그렇게 눈도 깜빡 안하고, 거짓말을 밥 먹듯이 할 수 있을까."

자기는 그렇게 하지 않고 사는 것처럼 말하지만, 실제로 그런 사람이 어디 있느냐며 합리화하기도 한다. 생각해보면 너나 할 것 없이 여기 에서 자유로울 수는 없다. 본의든 타의든 수시로 그렇게 할 수 밖에 없는 처지에 이르기 때문이다. 이는 탐욕으로부터 시작되고 자신의 약점을 숨기거나 남을 이용하려는 의도에서 비롯된다. 되풀이 하게 되면 마침내 고칠 수 없는 버릇이 되어 헤어나질 못한다.

거짓말은 상대를 궁지에 몰아넣기도 하지만 자신을 불행에 빠져들게도 한다. 남들로부터 불신 받게 되어 따돌림을 당한다. 예로부터 어른들은 '정직'을 제일의 덕목으로 가르쳐왔다. 그렇다면 진실함이 우선되는 사회가 이루어져야 마땅하나 그렇지 못한 오늘의 세태가 안타깝다.

일상생활에서 참말을 하기보다는 거짓말을 하는 경우가 많다. 나도 주위사람에게 허위를 진실로 포장해서 둘러 댄 일이 한 두 번이 아닐 듯싶다. 더 갖고 싶어서, 저지른 잘못을 숨기려고, 해코지를 하려고, 되갚아 주려고, 별의별 이유를 달아 속내를 감추고 능청을 떨었을 거다.

지난번 발간한 책에 대해 칭찬해줄 것이라는 기대를 걸고 아내에게 의견을 물었다. 빙긋이 웃으며 하는 답변에 그만 멀쑥해졌다.

"여기저기 꾸며서 쓴 데가 많던데요."

꾸중 반 놀림 반으로 하는 것 같아 껄껄 웃으며 이유를 달았다.

"예술을 하는 사람은 아름답게 표현하려고 실제 상황보다 부풀리기도 하고 자랑도 해요."

변명했지만 그 역시 꼼꼼히 생각해서 써야한다.

거짓말이라고 해서 모두 나쁜 것은 아니다. 일부러 하는 경우도 있다. 어린이들은 주위의 관심을 끌려고 깜짝 쇼(?)를 벌인다. 청년들은 이성 친구의 관심을 끌기 위해 일부러 착한 언행을 하기도 한다. 중년에 이르면 자존심을 지키기 위해 허세를 부린다. 노인은 외로움과 질병 등 때문에 고통을 겪으면서도 가족들이 걱정하거나 남들에게 얕보일까 딴죽을 떤다. 문학과 음악이나 미술 등의 활동도 내적으로는 진실성이 담겨야 하지만 겉으로는 포장하지 않을 수 없다.

아무 때나 그래서는 안 된다. 선한 의미로 거짓말을 하는 경우는 어쩔 수 없지만 항상 참되게 살아가려는 자세가 필요하다. 잘못을 일시적으로 회피하기 위해 꾸며대며 변명하지 말고, 솔직하게 이해와 용서를 구하도록 하면 좋겠다. 숨기면 숨길수록 눈덩이처럼 커지고 큰일을 저지르게 되어 낭패에 이른다. 그저 있는 그대로를 꾸밈없이 나타내며 살아갈 일이다. 당장은 손해 보는 것 같지만 결국은 현명한 처사이지 않은가.

주위에서 올바르게 살아서 복을 받는 경우를 종종 보게 된다. 어떤이는 신축아파트를 지인의 도움으로 당첨되었으나, 편법에 의해 분양을 받은 사실을 알고는 즉시 포기해 버렸단다. 후에 적법한 절차에 의해 응모를 하였더니 더욱 좋은 조건의 건축을 소유하게 되었다. 어쩌면 별스럽지 않은 일로 생각할지 모르지만 아무나 할 수 없는 슬기로운 자세다.

거짓의 유혹은 시시각각 밀려오는데 이에 현혹되다보면 씻을 수 없는 실수를 저지르게 된다. 일시적인 욕구충족을 위해 거짓 된 생각을 교묘하게 둘러대서는 안 된다.

"여기저기 혼탁하기만 한데, 나 혼자 버틴다고 무슨 소용이 있겠는가."

"요령껏 살아야지, 독불장군이 되면 나만 손해지."

이런 방식으로 정당화하려 하면 안 된다. 브레이크 없이 달려가는 자동차처럼 자신도 모르게 나쁜 길로 빠져들어 허우적거린다. 억지로 꿰 맞추려들지 말고 진실 되게 살아가도록 노력하자. 거짓된 상황을 맞을 때마다 어떻게 비켜가야 할는지 곰곰이 따져 보아야 한다.

악어의 눈물

악어가 흐느낀다. 서럽게도 울어댄다. 주먹만 한 눈물을 텀벙텀벙 떨어뜨린다. 아니다, 흘리는 것이 아니라 그냥 자연스레 나오는 것이다. 입을 움직이면 침이 나오고, 그것이 눈물샘을 자극하는 신경에 연결되어서다. 그래야 입 안에 물기를 보충해서 먹잇감이 쉽게 넘어가기 때문이라니 신기하다.

이를 두고 눈물을 흘린다고 지어냈다. 사람을 잡아먹고 뉘우치는 것이라며 억지로 관련짓는다. 속죄하는 것처럼 보여주려고 흉물을 떠는 것이라 호도한다. 빨간 거짓말이다. 인간의 거짓된 행동을 숨기기 위해서 악어에게 뒤집어씌우려고 소설을 쓴 거다.

그렇다. 정말로 후회하고 우는 것이 아니다. 회개하는 것도 아니고 감추려는 것은 더더욱 아니다. 그저 동물적인 생리현상일 뿐이다. 악어는 억울하다. 그냥 나오는 것을 흘렸을 뿐인데 위선이라니 어이없을 거다. 회개의 꺼풀을 쓴 허위적인 태도라니 말이나 되는가. 음흉하고 야비한 것은 악어가 아니고 가면을 쓴 사람들이다.

가증스럽게 둔갑한 인간 악어가 예서 불쑥 제서 불쑥 나타나 우리를 놀라게 한다. 종류도 여러 가지다. 가수, 개그맨, 연극 감독, 영화배우…. 유명 연예인이 약자에게 저지른 성희롱과 성폭행을 실토한다. 질타 당하고는 사과하며 자살까지 하는 이가 늘어난다.

둘러보니 나쁜 악어들 천지다. 자칭 정의의 사도라는 법조인들과 한 점 흠결이 없다는 자치 단체장들이 쇠고랑을 찬다. 국영기업체장과 국내 굴지의 기업 총수가 결탁한 부당 이익도 들통 난다. 공공기관 불법 채용 비리, 심지어 국민의 목숨을 담보로 한 방위산업까지도 썩은 냄새가 난다. 어디 한 군데도 눈길을 돌릴 수가 없다.

전·현직 대통령들까지도 뇌물죄와 횡령죄로 쇠고랑을 찬다. 역대 그 자리에 있었던 사람들 중에서 해당 안 되는 사람이 몇 명이나 되는가. 빤히 쳐다보고 있는 아이들 보기가 민망하다. 이게 어디 나라인가? 가슴이 답답하고 억장이 무너진다.

점입가경이다. 사랑하지 않으면 죽을 것 같다며 결혼한다. 부모의 반대에도 불구하고 고집 부려 얻은 결과다. 사소한 사유로 티격태격하다가 이혼을 하는 이가 하나 둘이 아니니다. 자식들의 앞날은 어쩌자고 저러는지 모르겠다.

부모에 불효하는 것은 예사이고 학대까지 하는 상황이니 무어랄 할 말을 잃는다. 사지가 멀쩡한데도 강제로 요양병원에 입원시키고, 기억력이 다소 약해졌다 해서 치매관리소로 보내버리는 자식은 과연 어떤 죄를 받고 싶은가. 남편이 술을 조금 과하게 먹는다고 정신수양원에 감금하는 아내와, 훈계했다고 부모를 때리는 자식은 언제부터 생겼는가. 어디까지 막가자는 건가. 머리가 어지럽고 숨이 막힌다. 세상이 어떻게 돌아가는지 알 수가 없다. 이쯤 되면 잘못을 사죄해야 마땅한데 하나같이 두꺼운 가면을 쓰고 내숭만 떤다.

'을'을 걸고넘어지려는 '갑'의 몰염치가 난무한다. 포토라인에 서는 신세가 되어서야 검찰 조사에 성실하게 임하겠다며 눈물을 보인다. 과연 진정한 속죄의 마음에서 나오는 눈물이란 말인가. 어정쩡한 표정에다 훌쩍거리기까지 하니 가증스럽다. 악어보다 몇 백 배, 아니 몇 천 몇 만 배 더 흉물스럽다. 해도 해도 너무한다. 이러다가 앞산과 뒷산이 마주보며 넘어질라. 강물이 넘치고 바다가 뒤집힐까 두렵다. 땅이 꺼지고 하늘이 무너지면 어쩔 건가.

선거철이 가까워 온다. 열두 꼬리 백여우 변신을 닮아가는 거짓말쟁이 정치 지망생들이 천방지축 날뛸까 두렵다. 너도 나도 도를 넘는 저질 경쟁이 민초들을 얼마나 괴롭히려나. 가면 쓴 악어들이 어떤 전략과 전술을 쓸지 벌써부터 잠이 안 온다. 차마 눈뜨고 바라 볼 수 없는 쇼는 그만했으면 좋겠다. 언제, 누가, 그럴는지 아무도 모른다. 저질스런 위장 눈물을 얼마나 흘릴지를….

선명한 공약은커녕 눈 가리고 "아웅" 하는 소리만 들릴 거다. 오물에 끼어든 파리 떼처럼 두 손을 비벼대고 상전 앞에 몸종처럼 머리를 조아릴까봐 걱정이다. 악어를 본 딴 형태도 다양하다. 가면을 쓰고 두 무릎을 꿇고 넙죽 엎드려 큰절을 한다. 애걸하는 척하면서 머리를 조아린다. 표를 먹으려고 흘리는 눈물이 각양각색이다. 누가, 어디서, 얼마나 더 거짓되게 흘릴지 염려스럽다.

절제를 중요한 덕목으로 삼아 온 민족이다. 선인들은 오늘의 세태를 예견을 했을 진데 그 선견지명이 놀랍다. 능청떠는 악어들이 들끓는 작금의 상황에 지하에서 안절부절 하실 게다. 아무 때나 울질 말자. 울어야 할 때 울어야 하지 않겠는가. 값진 눈물을 흘릴 시간도 부족한데 우는 척이 웬 말이냐. 참으로 야비하고 치사하다.

아름다운 눈물들이 얼마나 많은지 알기나 하는 가. 애절한 사연들을 다독이며 울어주는 사람들이 많다는 것을 기억해야 한다. 배고파서, 헐벗어서, 아파서, 부자유해서 괴로워하는 이들과 함께 흘리니 얼마나 훌륭하냐.

가족이 어려우면 더 그런다. 부모가 힘들어 하는 듯싶으면 자식이 가슴을 태운다. 아들딸이 비뚤어진 길로 가면 부모는 서글퍼 한다. 넘지 못할 곤경에 처하면 말할 나위도 없다. 살이 찢기는 듯한 비명을 지르며 폭포처럼 눈물을 흘린다.

가장 슬픈 눈물일 게다.'잘못을 저지르지는 않을까?', '곤경을 못 견디고 통곡하면 어쩌나' ,'거짓 눈물을 흘려서는 안 되는 데,' 자식 걱정에 눈물 마를 날이 없다. 호된 죄의 대가를 치를까봐 그런다.

모두 나서서 나쁜 악어들을 두 팔로 가로 막아야 한다. 흉물스런 눈물일랑 그만 흘리도록 하자. 악어의 눈물을 거짓되게 본 따려는 인간 악어들이 불쌍하다.

비판하지 말라

"하는 짓마다 싸가지 없어. 무조건 반대야 반대! 걷듯하면 거리에 나가 시위나 하니 차마 눈뜨고는 못 봐 주겠어. 국민들을 위해 국정을 논하고 어려운 경제를 위해 법을 만들어야지. 그게 무근 짓들이야. 해도 해도 너무하잖아."

"맞아! 국회의원 ×들 수를 확 줄어버려야 해. 비싼 세비는 꼬박꼬박 타 먹으면서 아무 것도 하는 일이 없어."

산에 오를 때는 아름다운 경치를 만끽하고 신선한 공기를 흠뻑 마셔야 한다. 신문이나 TV에 나왔던 이야기들을 되풀이하니 등산의 묘미를 그르친다. 즐거워야할 식사시간에 또다시 합창을 하니 밥맛마저 떨어질 지경이다. 너나할 것 없이 정치하는 사람들을 못마땅하게 생각한다. 사람들이 모이는 곳마다 단골메뉴로 올려놓고 열을 올린다. 하도 그러니까 듣기가 거북하고 짜증스럽다. 사회의 어른으로서 잘못되는 일은 마땅히 지적해야 하는 것은 맞지만 너무한다는 생각이 든다.

수년 전, 광우병 파동 시 촛불 시위 등으로 온 나라가 어수선할 때다. 90이 가까운 은사님께서 나서서 어떻게 지켜온 나라인데 이러냐며 화를 내셨다. 서울까지 올라가셔서 보수단체 집회에 참가해서 적지 않은 성금까지 내고 오셨다.

이 어른처럼 행동에 옮기지 못하면서, 안방 호랑이노릇만 하는 이들이 눈살을 찌푸리게 한다. 그러다가 할 말이 바닥나면 험담으로 바뀐다. 자기는 넉넉한데도 지독한 노랭이 노릇을 하면서 남보고는 구두쇠라며 질책한다. 헐뜯는 대상이 죽으면 수의에 커다란 주머니를 달아주어야 하겠다며 입에 거품을 문다.

앞 다투어 자리에 없는 이들의 잘못을 지적하지만, "내 잘못이요." 라는 사람은 좀처럼 찾아 볼 수가 없다. 어떤 사람은 면전에 대 놓고 험담을 하며 비웃는다. 끝내는 다툼으로 이어져 모처럼 만난 즐거운 분위기를 해친다.

남을 흉보는 것은 상대보다 자신이 뒤떨어진다는 심리적 압박감 때문이다. 선비들은 '내가 들은 이야기를 남에게 옮기지 않는 것이 그 사람 인격의 척도다.' 라며 모범을 보였다. 여럿이 모이면 하지 말아야 할 이야기 셋은 정치 논하기, 남의 험담하기, 자식자랑' 이라 했다.

나도 그런 부류의 사람들에서 자유롭질 못하다. 어울리기를 즐겨하다 보니 나서기를 좋아하고 남의 단점을 들춘다. 내가 한 말이 나쁘게 전달되지 않았을까 걱정스러워 찜찜할 때가 있다. 뒤에 가서 내 흉을 보지 않을까 전전긍긍하기도 한다. 그 것도 잠시이고 시시때때로 남 다른 사람의 허점을 노린다.

젊을 때는 주의 사람의 작은 실수를 부풀려 떠벌리고 직장 상사에 대한 불만을 술안주로 삼았다. 나를 싫어하는 눈치가 보이면 미워한다. 그보다 수십 배의 험담을 늘어놓는다. 남에게는 엄격하고 자신에게는 관대한 나를 향하여 준엄하게 꾸짖는다.

"어찌하여 형제의 눈 속에 티는 보고, 네 눈 속에 있는 들보는 깨닫지 못하느냐. 네 눈 속에서 네 들보를 빼어라. 그런 후에 밝히 보고 형제 눈 속에서 티를 빼어라"

자신의 부족한 모습은 보지 못하고 잘난 체만 한다. 남의 장점은 뒤로하고 단점만을 들춘다. 비판을 받지 않으려거든 비판을 하지 말라 했다. 이는 다른 사람을 헐뜯음으로써 자신을 높이고자 하는데서 비롯된다.

어느 여교사의 이야기가 진한 감동을 준다. 한 어린이가 옷매무새가 추하고 우울하며 공부를 못한다고 다가가기를 꺼려하며, 하찮게 보고 미워하며 꾸중까지 했다. 크리스마스가 돌아와서 학생들이 푸짐한 선물을 앞 다투어 안겨주었다. 그 아이는 낡은 브로치와 쓰나 남은 향수를 건넸다. 아무 생각 없이 방구석에 던져두었는데 어쩌다가 카드를 발견하고는 깜짝 놀랐다.

"선생님을 보면 돌아가신 엄마가 생각나요. 엄마가 남긴 물건이 이것뿐예요. 선생님 얼굴에 이 브로치처럼 빛나고, 몸에서는 향수 같은 엄마 냄새가 났으면 좋겠어요. 엄마가 보고 싶을 때마다 선생님을 쳐다볼래요."

교사는 자신의 허술함을 뉘우치며 소리 높여 울었다.

"나는 참사랑을 몰랐어요. 용서하세요, 겉만 보고 비판하는 죄를 저질렀어요."

아이는 일류 고등학교를 2등으로 졸업하고, 고통 받는 이들을 돕고자 의과대학에 지원했다. 1등으로 입학해서 전문의가 되었다. 지금의 자기는 모두 선생님의 덕이라 했다. 결혼식에 부모 대신 참여해 달라고 편지를 보냈다. 교사는 아이가 준 브로치를 달고 어머니 자리에 대신 앉아서 눈물을 철철 흘렸다.

평생 아이들을 가르쳐 온 나로 하여금 많은 것을 뉘우치게 한다. 코를 질질 흘리면서 말썽만 부리는 개구쟁이는 멀리했을 거다. 부유하거나 공부를 잘하는 아이에게는 더 관심을 두었을 것이다. 따져 보지도 않고 속단하며 잘 알아보지도 않고 꾸중만 했으니 어찌하면 좋단 말이냐.

사람들을 선불리 비판하지 말고, 험담하는 대열에 끼지도 말아야겠다. 이 세상에 죄 안 짓고 사는 이가 어디 있겠는가. 남을 함부로 정죄하기보다는 아픔을 헤아려 주는 사람이 되도록 힘써야 하겠다. 나와 다른 사람들을 기쁘게 하는 것은 비판이 아니고 사랑이지 않는가.

잔소리, 쓴 소리

잔소리와 쓴 소리의 의미를 새롭게 새겨 볼 수 있는 상황을 맞는다. 식사 중에 손녀가 갑자기 소리를 질러대서 어안이 벙벙해진다.

"잔소리 그만해. 듣기 싫어!"

아침마다 밥을 잘 먹지 않으려고 해서 실랑이를 한다. 어르고 달래서 간신히 반쯤 먹게 한다. 유치원에 가야 하는데 텔레비전 앞에서 떨어질 줄 모른다.

"이거 끝나면 바로 꺼라."

시력이 나빠질까봐 한마디 더하니, 양손으로 귀를 막는다.

"그만해. 할아버지 미워!"

실은 나도 그랬다. 밥을 먹을 때마다 어머니의 재촉이 야속했다. 학교생활도 마찬가지다. 월요일 조례는 뙤약볕이나 칼바람에도 건너뛰질 않는다. 직원조회에 지친 선생님들의 얼굴에는 피로한 기색이 역력하다. 아는지 모르는지 단상에 올라간 교장선생님의 연설은 지루하기만하다. 갈수록 더욱 열을 올리지만 좀처럼 귀에 잘 들어오질 않는다. 생활반장의 주훈 발표에 이어 담당교사의 설명에 마침내 파김치가 된다.

교실에 들어오면 담임선생님의 주의사항이 보태진다. 일주일 시작 초부터 이지경이니 정작 집중해야 할 수업에는 머리가 띵하다. 꼼짝 없이 앉아서 듣기만 하고 칠판에 적으며 무조건 베껴대고 외워야만 하니 멀미약을 먹어야 할 정도다.

초임교사 시절부터 겁도 없이 종래의 교육방식을 바꾸려 했다. 지식위주의 주입식 수업형태를 과감하게 탈피하려는 의도다. 학생들이 당면하는 문제를 스스로 해결하는 능력을 신장시키는데 초점을 두고 다양한 수업 방법을 적용하였다.

교장이 된 후에는 직원과 학생조례를 주말에 실시하도록 바꾸고 간소화 했다. 주초부터 이런저런 잔소리로부터 해방시켜주려는 의도다. 내가 단상에 올라가면 어린이들은 시키지 않아도 으레 다리를 벌리고 주먹을 쥔다.

내가 "공부해서!" 라고 선창하면, 아이들은 "남 주자!" 라고 세 번을 부친다. 일주일 간 선행을 한 어린이를 표창하는 것으로 훈화를 대신한다. 학급 별로 자유롭게 활동하다가 노래를 부르며 동네별로 하교하면 아이들은 신바람이 난다.

쓴 소리는 다르다. 꼭해야 할 말을 회피하는 것은 책임전가이고 비겁한 행동이다. 누구든지 이치에 어긋나는 언행은 고쳐야 한다. 입에 써야 약이 된다. 적절한 충고가 필요한데도 선듯 나서는 사람은 별로 없다.

오늘은 모처럼 용기 있는 장면을 보았다. 동네사람들과 식사를 하는데 옆 좌석에 자리에서 왁자지껄한다. 자식들 자랑에 마누라 칭찬까지 늘어놓더니 험담으로 바뀌면서 음성이 높아간다. 시국이이야기로 옮겨가면서는 내편 네 편으로 나뉘어 싸운다. 술이 거나해졌는지 고성까지 지른다. 꾸며대는 억지웃음소리는 그냥 앉아서 듣기가 민망하다. 우리 쪽은 몰상식한 사람들이라며 수군수군 불평을 쏟아낸다.

서둘러 밖으로 나오려는데 일행 중에 평소 말 수가 적은 사람이 다가간다.

"조용히 해야 하겠어요. 다른 손님들이 다들 불편해하네요. 젊은 사람들이 어떻게 생각하겠어요"

언짢은 눈초리로 바라보는데 그 중 한사람이 꾸짖듯 내뱉는다.

"그것 봐! 내가 아까부터 조용히 하라고 했잖아. 나이값들도 못한다니까. 미안해요."

그렇게 당한 우리 일행도 똑같다. 전동차 안에서 다른 승객들은 안중에도 없다. 나이든 사람들 모임마다 등장하는 비판적 단골메뉴가 시작된다. 국가나 사회 그리고 개인이 잘못을 앞 다투며 지적한다. 이렇다 할 대안을 제시하는 사람은 없다. 그동안 지식인들은 용기 있게 나서서 가치 없이 질책했다. '미스터 쓴 소리' 라는 별명으로 대중의 존경을 받는 이가 많았는데 지금은 좀처럼 눈에 띠질 않는다.

옛날 어른들은 동네 청년들은 물론이고 지나가는 외지인까지 훈육을 했다. 담배를 꼬나물거나 술이 취해 허튼 행동을 하면 혼쭐이 났다. 지금은 어림도 없는 소리다. 오히려 역습을 당할까 두렵다.

청소년들에게 좋아하는 것을 골라하라고 권장을 하는 추세다. 하고 싶은 일을 하면 행복해질 수 있다는 생각이 주류다. 어찌 보면 맞는 말인 것 같지만 반드시 그렇지 만은 않다. 살아가면서 어찌 하고 싶은 것만 할 수 있는가. 싫어도 반드시 해야 할 일이 있고 아무리 좋아도 해서는 안 될 것도 많다.

부딪히는 문제에 합리적인 찾아가는 자세가 요구된다. 이런 분위기를 좀처럼 볼 수 없음이 걱정이다. 흐트러진 세상에 따끔한 한마디가 절실하다.

노 수녀의 기도가 감동을 준다.

"주님! 제가 늙어가는 것은 어쩔 수 없습니다. 말 많은 늙은이가 되지는 않게 하소서. 아무 때나 무엇에나 한마디 하지 말게 해주소서. 나이가 들수록 말문을 닫고 지갑은 열게 하소서. 그러나 불의를 보고는 그냥 지나치지 않고 할 말을 제대로 할 수 있는 용기를 주옵소서."

잔소리를 많이 하고 쓴 소리를 피하려는 우리들을 따끔하게 타이른다.

분노

가을바람이 스산한데 네 살짜리 손자와 걷는다. 평소에는 내 손을 잡고 흥얼거리며 발걸음도 가벼웠다. 오늘은 웬일인지 고개를 푹 숙인 채 앞서 나간다.

몇 번을 불러도 아무 대답 없이 뚜벅뚜벅 걸어가는 모습이 심상 칠 않다. 또다시 부르니까 갑자기 멈춰 서더니 올려다보며 큰 소리를 지른다.

"할아버지, 절대로 용서 못해!"

황당해서 얼른 안으려니까 손을 뿌리치며 눈을 치 뜬다. 왜 그러냐니까 기막힌 대답을 한다.

" 아까 크게 소리 질렀잖아!"

식식거리는 녀석을 달래느라고 한참 실랑이를 했다. 집에서 나오기 전까지 텔레비전을 보고 있는데, 시간이 되어서 끄려니까 두 팔로 막았다. 더구나 화면에 아주 바짝 다가가서 눈이 나빠질까봐서다 못하게 했더니 그런다.

다음 날도 또 텔레비전에 빠진다. 나는 빨리 외출을 해야 하고 녀석도 어서 어린이 집에 가야 하는데 어르고 달래도 소용이 없다. 고집부리다가 안 되니까 발버둥을 치고 큰소리로 울어대며 막무가내다.

다급한 나머지 엉덩이를 두어 번 때리며 소리를 질렀다. 훌쩍거리며 풀이 죽어 걸어가는 모습이 안쓰럽다. 울먹이며 소리 지르던 음성이 들려오는 듯해서 온종일 일이 손에 잡히질 않는다. 해가 넘어가고 밤이 되도록 내내 짠한 마음으로 하루를 보낸다. 손자의 하던 따끔한 말이 다시 들리는 듯하다.

"할아버지 어제도 그러더니 또 이래, 이번엔 절대로 용서 안할 거야!"

가슴에 꽂힌 상처는 쉽사리 가라앉질 않는다. 누구든지 살아오면서 남들로부터 서운한 일을 당하게 된다. 그러나 특별한 이유도 없이 괴롭히면 참을 수 없다. 스스로 가슴을 쓸어내리고 심호흡을 하는 등 별의별 방법을 다하나 좀처럼 풀리지 않는다. 자제하려고 할수록 상처는 가슴 깊숙이 박힌다. 언젠가는 분풀이를 하겠다며 두 주먹을 쥐고 부르르 떤다. 나중에는 밤을 꼬박 새우기도 하고….

가끔 그런 사태를 맞고는 속을 부글부글 끓인다. 한 번 마음이 다치면 좀처럼 회복되질 않고 나중에는 판단력까지 잃게 된다. 나는 모두 잘했고 저 편은 전부 그릇된 행동처럼 여겨져서 분노가 극단적으로 치닫는다.

'아아! 이래서 큰일을 저지르게 되는 구나! 폭행에 이어 심지어 살인까지….'

친구나 이웃, 일가친척 간, 심지어 부모 자식 간에도 갈등을 빚는다.

결국 돌이킬 수 없는 지경에 까지 이르고, 그럴수록 분노는 커지고 오래 동안 가슴에 남는다. 나중에는 숨어 있는 화산처럼 폭발 직전에 이르게 되어, 마침내 큰 사건을 터뜨리게 된다. 이런 이치를 잘 알면서도 손자에게 연 이틀간이나 깊은 아픔을 주었다.

그런 내가 여기 저기 다니면서 '마음을 잘 가꾸자.' 는 주제로 강연을 하고 다니니 한심하다. 얼마 전에는 이런 일이 있었다.

"남에게 상처를 주어 분노를 일으키지 맙시다. 칼로 가슴을 찌르는 일과 같습니다."

막 마치려는데 한 수강생이 손을 번쩍 들고 질문한다.

"강사님! 강사님은 그렇게 살고 계십니까? 저는 아무리 노력을 해도 안 되네요. 억울하게 당하면 도저히 용서 할 수가 없어요."

"그래도 남을 괴롭혀서는 안 되지요. 설혹 아픔을 당했더라도 그냥 참아내야 해요. 그래야 평온하게 살 수 있지 않습니까?"

남에게 상처를 주면 분노로 발전하게 되어 불행을 초래하기 때문에 사전에 차단해야 한다.

"사랑하는 손자야! 얼마나 마음이 아팠니? 내가 잘못했다. 미안하다."

'분노!' 생각할수록 두렵다.

누구를 용서해야 하나

인간만사는 사람들과의 관계에서 비롯된다고 볼 수 있다. 배려와 사랑이 그렇고 다툼과 미움도 마찬가지이다. 사람들과 더불어 살아가다보면, 용서해야 할 때와 받아야 할 경우가 나타난다. 이런 상황에 처하면 무엇이 우선되어야 할까.

나에게 가장 원하는 것이 무엇이냐고 묻는다면, 행복하게 사는 거라고 말할 수 있다. 소통을 잘하여 경쟁과 갈등 속에서 현명한 행동을 하는 것이 중요하다.

살다보면 좋을 때도 있지만 나쁜 일도 생긴다. 한 번 밉게 보이면 쉽사리 바꿀 수 없다. 생각하기에 따라 선이 악 같고, 악이 선으로 보이기도 한다. 딸의 얼굴에는 코딱지가 붙어도 예쁘고, 며느리는 발뒤꿈치까지 밉게 보인다는 말이 있지 않는가.

하찮은 일이 말다툼으로 이어져 미움의 씨가 된다. 그것이 앙금이 되어 호시탐탐 되갚을 기회를 노리고, 그러다가 일을 크게 그르쳐 씻을 수 없는 죄를 범한다. 넉넉한 마음으로 용서해서 위기를 잘 넘길 수 있으면 불행한 삶을 면할 수 있다.

어린 시절 뒷집 한 살 위아래 된 두 형제들과 잘 어울려 지냈다. 때로 다투게 되면 둘이서 한꺼번에 대드는 바람에, 코피가 터지고 얼굴에 온통 피투성이가 되었다. 펑펑 울면서 집에 들어오면 어머니께서는 못난 놈이라며 질타하셨다. 마침내 어른들 싸움으로 번져 상대의 부모와 삼촌과 조부모까지 대들었다. 어머니와 누나뿐인 우리는 성난 이리떼에 몰린 쪼그라진 강아지 꼴이 되곤 했다.

중·고등학교에 다니면서 호신술을 익혔다. 당한 만큼 갚고야말겠다고 수없이 다짐을 했다. 얼마 후 큰 아이가 일찍 세상을 떠나게 되니까 동생은 무릎을 꿇고 싹싹 빌었다. 그런 후로는 나를 친형처럼 따라서 벼르던 일을 접고야 말았다.

더욱 기막힌 일도 겪었다. 어머니께서는 홀몸으로 산골 다랑이 천수답 농사를 짓느라 별별 일을 다 당했다. 한여름 가뭄에 논바닥은 갈라지고 벼들은 타 들어갔다. 어느 날 갑자기 밭을 논으로 만든 남자가 우리 세 식구의 생명 줄인 물길을 통째 따갔다. 다투게 되었는데 상대가 잘 다듬어 놓은 우리 논두렁을 쇠스랑으로 찍어댔다. 힘겹게 대항하는 어머니를 눈뜨고 그냥 있을 수가 없어서 나도 합세했다. 황소궁둥이에 파리처럼 바지자락을 잡고 매달리다가 발길에 차여 논에 처박혔다. 썩은 거름이 질퍽한 논에서 허우적거렸다.

당시에 통한의 눈물을 흘리던 기억을 도저히 지울 수가 없다. 귀신도 능히 때려잡는다는 해병대에 자원해서 온갖 고초를 겪은 것은 복수하고야 말겠다는 일념에서 비롯되었다. 휴가를 얻어 수소문 끝에 찾아냈으나 중병으로 이미 의식을 잃은 상태였다.

내가 만약 가슴에 쌓인 원한을 품고 있다가, 큰일을 저질렀더라면 과연 어떻게 되었을까? 비껴 간 것이 얼마나 다행스러운 일인지 모른다.'지지는 말고 져 주어라. 그 것이 진정한 승리임을 명심하라.' 고 하신 선생님의 충고를 듣고는 부딪칠 때마다 참았다. 용서하고 살아 온 덕에 어려운 고비를 넘길 수 있었다.

성경에 다윗이 역경을 슬기롭게 넘겼다는 내용이 등장한다. 사울왕이 그의 딸 미갈과 결혼시킨 후, 다윗에 대한 시기와 질투심으로 엄청났다. 낯선 타국으로 몸을 피했는데도 병사를 보내어 괴롭혔다. 광야생활에서도 험난한 일을 수없이 당했다.

마침내 다윗은 사울을 처단할 수 있는 절호의 기회를 맞는다. 이참에 깨끗이 없애 버리자고 간청하는 부하들의 건의를 끝까지 받아드리지 않는다. 이런 처사는 자신을 행복으로 이끌어 가게 되는 계기를 만들었다.

아무리 그렇더라도 괜히 트집을 잡고 시비를 걸며, 건듯하면 험한 말을 하는 사람은 어찌할 수가 없다. 막무가내로 덤비는 상대를 용서하기란 쉬운 일이 아니다. 억울하게 당한 만큼 갚으려하는 것이 인지상정이다. 하물며 목숨까지 빼앗으려고 갖은 방법을 동원한 상대를 용서했다는 다윗은 대단한 사람이다.

이런 시가 내 가슴에 남아 있는 아픈 상처를 다독여주는 듯하다.

용서하라 하셨나이까
사랑하라 하셨나이까/ 미움까지 사랑하라 하셨나이까/

무고하게 당한 아픔과/ 상처로 분노했으나/
그러나 저들을 용서하고/ 사랑하라 하셨나이까. ……〈중략〉
잠을 이루지 못하고 억울해 하는/ 나를 용서하소서./
무고하게 상처받은 억울한 영혼에/ 하늘의 평안을 내려주소서/
저들이 용서 받아야 할 것이 아니라/,
용서받아야 할 대상이/ 나인 것을 알게 하소서

복수하려는 마음은 가슴을 찌르고 헤집을 정도의 증오로 이어진다. 기어코 무덤까지도 끌고 가겠다는 원한은 끝이 없다. 그럴수록 괴롭힌 상대가 심판을 받기 전에 내가 먼저 병들어 죽게 된다는 사실을 알아야 한다.

허나 뒤통수를 치고 등에 칼을 꽂는 상황에서 용서하기란 그리 쉬운 일이 아니다. 그렇다고 가슴에 쇳덩이를 매달고 평생을 살아 갈수는 없다. '마음은 크게 쓰면 하늘을 덮고도 남지만, 작게 쓰면 바늘 하나 꽂을 데가 없다.' 는 말을 있다. 분노의 사슬을 훌훌 털어 버리자.

'악한 사람은 복수하고, 착한사람은 용서하며, 현명한 사람은 무시한다.' 는 교훈을 기억해야한다. 불쌍한 내 마음을 먼저 다독여 주고 가슴에 묻어두고 원망하던 사람도 이제 그만 놓아 주자.

'저들이 용서 받아야 할 것이 아니라/ 용서받아야 할 대상이/
나인 것을 알게 하소서'

마지막 시구가 의미심장하다.

섬김의 리더십

평교사로부터 여러 단계를 거처 교원으로서 최고라는 교육장 자리에 서게 되는 행운을 얻었다. 갖추어야 할 학식이나 덕망은 어림도 없는 소리이고 이렇다 할 지혜나 경륜도 갖추지 못했는데도…. 더욱이 기본적인 소양마저 갖추지 못하고 이끌어줄 사람도 없는 처지라 감히 넘보질 못했다. 발령통보를 받고서는 꿈인지 생시인지 어리둥절했다.

먼저 어머니 산소를 찾았다. 생전에 장독대와 성황당에서 오직 나를 위해 두 손을 부비셨다. 마곡사와 해인사와 불국사 등 전국 사찰을 두루 찾아다녔다. 두 무릎을 꿇으시고 아들하나 잘되게 해달라고 빌고 또 빌었다. 나중에는 당신이 꺼려하시던 교회에 까지 등록을 하고 나만을 위해 간구했다. 이제는 당신을 위해서만 기도하라는 권유도 극구 뿌리치셨다.

성묘를 마치고 내려올 때까지 하염없이 눈물을 흘렸다. 소나무 사이로 미소 지으시던 어머님 모습이 떠오른다. 벽지학교 총각교사로 근무하던 때다. 내게 볼일이 있어서 학교에 찾아오셨는데 관내 교육장을 현관에서 마주치게 되었다. 갑자기 두 손을 모으고 고개를 깊이 숙이면서 가당찮은 말씀을 하셔서 얼마나 황당했는지 모른다.

"여보슈! 부탁 좀 하나 해요. 교육장이 뭘 하는 건지는 모르시만 높은 사람이지요? 나중에 우리 아들도 그것 좀 시켜 주슈. 예?"

많은 분들이 이끌어 주어 그 자리에 오르게 되었는데도, 마치 내가 잘나서 이룬 것처럼 자랑스러워했다.

취임식을 마치고 막 자리에 앉으려는데 친구로부터 전화가 왔다.

"축하한다. 드디어 해냈구나! 그런데 말이야, 선물하나 줄 테니 받아봐…."

한참을 뜸 들이더니,

"예쁘거나 값진 물건이 아니네. 바로 '섬기라' 라는 말이야. 높은 자리에 올랐다고 자만하지 말게. 학생과 교원, 학부모와 주민들에게까지 겸손했으면 좋겠어. 자연히 존경받게 되어 하는 일이 순조롭게 풀려 나갈 거야."

경황없이 돌아가는 판이어서 의례하는의 인사려니 하고 그냥 넘겨 버렸다. 엄숙히 받아드리지 못한 것을 두고두고 아쉬워한다.

오늘 단골 병원에서 진료를 받으면서 뜨끔한 말을 들었다. 건강 염려증이 되살아나는 가보다. 이것저것 자꾸 질문을 하니까 되돌아오는 대답에 그만 부끄러웠다.

"의문이 많으신 것을 보니 걱정이 많으시네요. 직장에서 윗분으로 근무하실 때 직원들이 어려워했을 것 같아요. 소소한 것도 빼놓지 않고 꼼꼼히 챙겼을 테니까요. 저 보고도 간호사들이 너무 따진다고 은근히 불평들을 해요."

뒤통수를 한 대 얻어맞은 셈이다. 모든 일을 내가 다할 것처럼 밀어붙인 일이 얼마나 많았을까….'

지혜롭기로 유명한 솔로몬도 수많은 실수를 저질렀다. 그의 말로는 비참했고 후대에 이르기까지 벌을 받게 된다. 당대에 가장 호화롭게 살면서도 재물을 탐하고 우상을 섬긴 것이 그 원인이다. 아들 역시 마찬가지였다. 원로 충신들이 처신을 잘하라는 간곡한 호소에 따르지 않는다.

"왕이 백성을 섬기면 백성도 왕을 잘 섬길 겁니다."

노역을 풀어 주라는 신하들의 간언을 받아들이지 않았다. 자기편만 들어주는 신하들의 말만 듣고 나쁜 짓을 이어간다. 섬기는 것이 아니라 오히려 강압적 리더십을 선택한 것이다.

"내 아버지가 너희에게 가죽 채찍으로 징계했다면, 나는 너희를 전갈 채찍으로 징계할 거다."

후에 그 대가를 톡톡히 받는다.

우리에게는 '섬김' 을 우선으로 정치를 한 인물이 많다. 세종대왕은 모친상을 당한 황희 정승에게 쇠고기를 선사할 정도였다. 정조대왕은 정적들에게 편지를 보내어 친해지려고 힘썼다. 즉위 하자마자 어머니인 혜경궁홍씨의 제사를 지내지 말라고 막음으로써, 아버지 사도세자를 모략한 이들의 간담을 서늘케 했다. 고단수 정치적 묘수를 보여주었다고 할 수 있다.

평소 존경하던 선배가 젊은 나이에 고속 승진을 축하한다며 자리를 마련했다. 끝판에 술이 거나해서 농담 섞어 하던 말이 지금도 잊을 수가 없다.

"자네 대단하네, 벌써 그런 자리에 오르다니. 그런데 말이지, 이제 기대하던 목표를 성취했으니 욕심 그만 부리고 나도 좀 끌어주게나. 높이 올라가려고 얼마나 애썼나. 주위를 돌볼 겨를 없이 뛰어다니다가, 옆 사람을 돌아볼 생각은 안했겠지. 앞으로는 그러지 말게, 그럴수록 적이 많아져."

요즈음 무언가 해보려고 나섰다. 아파트 주변 청소를 하는 노인회 활동에 참여를 한다. 구석구석을 돌며 시설물들을 매만지고 오물을 치우며 즐겁게 대화를 한다. 지하철 역 주변 휴지 줍는 일에도 함께 한다. 진로 때문에 고민이 많은 청년들에게 상담을 해주고, 고아원 등의 나눔 활동에 참여하여 작은 마음을 보태기도 한다.

어디 이것으로 섬겼다 할 수 있겠는가. 더 가까이 다가가야겠다. 돌보아 줄 일들을 더 찾아보자. 두 주먹을 쥐고 달려가서 땀을 흠뻑 흘려야 한다. 다짐해 볼수록 힘이 솟아오른다. 세상은 넓고 섬겨야 할 일은 많다. 내 말만 앞세우지 말고 사람들의 이야기를 들어주어야겠다. 내 앞으로만 당기지만 말고 밀어주어야 한다. 친구가 오래전에 보내 준 '섬기라' 는 선물이, 오늘따라 마음에 와 닿는다. 이제 나도 조금씩 철이 들어가는 모양이다.

있을 때 잘해!

'있을 때 잘해'라는 유행가가 한동안 많이 불리었다. 떨어져서는 도저히 못살 것만 같던 사람과 인연을 끊으면 허전하다. 잠시도 못 보면 죽을 것 같은 애인과 이별을 하게 되면 안타깝다. 사랑하던 사람을 떠나보낸 후에는 통한의 눈물을 흘린다. 갑자기 가족을 잃으면 말할 수 없는 슬픔에 싸인다. 많은 사람들이 겪었기에 이 노래가 널리 불리어지게 되었나 보다.

헤어지는 것 중에서도 세상을 떠남으로 생기는 문제는 가장 큰 충격을 준다. 인생은 누구나 죽는다는 사실을 부정할 수 없다. 당면할 수밖에 없는 '죽음' 을 맞으면 두려워하며 고통스러워한다. 부정한 자나 정의로운 자나, 가진 자나 못가진 자나, 별스럽지 않게 보이거나 특별하다고 여겨지는 사람이라 할지라도 똑 같다. 인간은 죽음 앞에 서 있는 나약한 존재일 뿐이다. 항상 나는 죽을 수밖에 없는 인간이라는 사실을 잊지 말아야 한다.

마지막 날에 즈음하여 지난날을 돌이켜 보자면 허무함을 느낄 수밖에 없다. 부귀영화를 누린 이들도, '모든 것이 헛되고 헛되며 헛되고 헛되나니 모든 것이 헛되다' 라고 하며 인생의 무상함을 뉘우쳤다.

누구나 죽는 존재라는 사실에 공허함을 느낀다. 그렇다고 비관적인 허무주의에 빠질 필요까지는 없다. 살아 있는 강아지가 죽은 호랑이보다 낫다고 했다. 죽은 자보다는 산 자에게는 희망이 있다. 살아 있는 사람은 언젠가는 죽게 될 것을 아는데, 숨을 거둔 자는 아무것도 알 수가 없다. 얼마 안가서 다른 사람들이 자기이름조차 기억하지 못하게 된다는 사실조차도 모른다. 살아있지 못하면 사랑하거나 미워할 수도 없다. 수없이 많은 일 가운데에도 자신에게 돌아갈 몫은 하나도 없다.

죽는 다는 사실에 허탈해 하면 생명조차도 소중하게 여길 수 없다. 살아 있는 동안에 소소한 기쁨일지라도 마음껏 누려야 한다. 때로는 외롭고 고통스러우면 모두가 소용없는 일이라고 여겨진다. 죽음을 피할 수 없다는 생각이 절망에 빠지게 된다. 무엇보다 이를 헤쳐 나가는 일이 급선무다.

생존해 있다는 자체에 소망을 걸자. 세상에 남아 있다는 것이 큰 의미가 있고 그것에 희망을 걸어야 한다. 세상과 작별하기 전에 소소한 즐거움을 소중히 여기고 마음껏 누려야 한다.

세상에 남아 있다는 것이 큰 의미가 있다. 세상과 작별하기 전에 소소한 즐거움을 소중히 여기고 마음껏 누려야 한다.

어떻게 해야 잘 살 수 있는가? 먼저 몸을 잘 가꾸어야 한다. 잘 먹고 배설을 잘해야 한다. 일을 한 후에는 잘 쉬어야 한다. 마지막으로 잠을 잘 자는 일도 중요하다. 나는 이를 '5잘 (다섯 가지 잘해야 하는 것들)'

이라 일컫는다.

건강한 마음을 가지는 것이 필요하다. 예로부터 아이들에게 자기 분수를 알아야 한다고 충고했다. 값지게 살아가려면 자신이 누구인지 똑똑히 파악해야 한다. 주어진 일터가 큰 은총이라는 생각으로 임하면 축복이 온다. 탐욕에 빠지지 말고 매사를 고마운 마음으로 나아가면 행복해진다.

수시로 닥쳐오는 어려움들을 잘 비켜가는 방법도 익혀야 한다. 해를 끼치려는 사람과 맞닥뜨리면 더 커진다. 시냇물도 바위를 만나면 돌아가지 않는가. 가족과 이웃은 신이 주신 선물이라 생각하면 다가온다. 아름다운 영혼을 가꾸는데도 노력을 해야 한다. 항상 기뻐하고, 범사에 감사하며, 쉬지 말고 기도하면 영혼은 맑아진다고 했다. 내세에서의 영원한 행복을 위해서 사전준비를 열심히 해야 이루어진다. 가치 있게 살다가 아름답게 죽을 수 있는 방법을 따라가는 이가 현명한 사람이다. 그것이 최고의 복이라 하지 않는가.

죽음은 길을 가다가 갑자기 하수구 뚜껑이 꺼지는 순간, 나락으로 빠지게 되는 것에 인생을 비유하기도 한다. 비수처럼 닥쳐오는 죽음을 맞아 허무하게 떠나가서는 안 된다. 몸과 마음이 성해야 스스로를 성실하게 보듬어 줄 수 있다. 이웃들을 진실한 마음으로 돌보면 보람을 느낀다. 생존해 있을 때 나와 남들을 사랑하는 것을 의무로 여기면 서로가 행복하다.

'그 때 내가 힘들더라도 도와 줄 걸', '밥 한 번만이라도 사줄 걸', '한 마디 위로의 말이라도 해 줄 걸', 아무리 나를 괴롭혔더라도 용서해 줄 걸.'~걸,~걸,~걸….

뒤늦게 뉘우치고 후회해도 되돌릴 수는 없다. 살아있는 동안 사소한 일일지라도 꾸준히 실천함을 낙으로 삼자. '사랑하며 살면 된다.'라는 교훈을 남기고 떠난다면 세상이 좋아지련만….

"있을 때 잘해!" 마음에 와 닿는 노래다.

보약 같은 웃음, 웃고 또 웃자

웃음과 관련된 연구 결과가 놀랍다.

'사람이 평생 동안 잠자고 일하며 먹고 쉬는 데 시간을 거의 다 소비한다. 웃는 데는 겨우 20일 뿐이다. 뇌에서 느끼고 화를 내는데 3초 걸리는데, 3초만 참고 웃으면 화에서 조금은 벗어 날 수 있다. 매일 15초만 웃어도 생명이 2년이 연장된다니 천연 진통제고 소화제며 영양제란다. 우울증과 중풍까지 치료할 수 있다니 만병통치약이라고 할 수 있다.'

오늘은 웃음에 대해 공부한 사람들끼리 나들이 하는 날이다. 서해안에 많은 눈이 온다고 해서 노심초사한다. 몹시 추울 거라는 예보에 털모자와 목도리를 챙기고 시계를 들여다보며 서성거린다. 예쁜 꽃들(?) 속에서 즐길 거라는 기대에 마음이 들뜬다.

차에 태우려고 온 여인 둘이 번갈아 악수를 청해서, 혹시 동네 사람들이 볼까하는 걱정 속에 엉거주춤하면서도 기분은 좋다. 만남의 장소에 도착하니 여자 셋이 더 보태져서 더욱 시끌벅적하다. 웃으면서 떠는 애교가 재미있다.

"오빠!",

"오빠가 뭐야, 젊은 오빠지. 50빼고 스물여섯이라고 하셨잖아"

농담 삼아 답변을 한다.

"여자가 다섯이니 5천 궁녀의 임금이 된 셈이네. 상감마마라 불러줘, 하하하."

총원이 여자 다섯에 남자는 둘 도합 일곱인데 그중 남자 하나는 불참한단다. 기업체 대표인데 인물이 출중하고 매너가 좋아 인기다. 은근히 경계를 하게 되는 내가 우습다. 푸짐한 선물보따리를 실어주면서 바쁜 일정 때문에 함께 못해서 미안하다고 한다.

지난번에 이어 다시 청일점이다. 멀리 보일 때까지 손을 흔들며 배웅하는 남자를 밉다고 해야 하나, 아니면 고맙다고 해야 할까. 몇 달 전에 순창지역 강천산 단풍여행도 그랬는데, 또다시 여자들 틈에서 나 혼자서 거드름을 피우게 되었다.

차에 오르니 가장 안전하고 편안한 자리를 권한다. 먹을거리를 푸짐하게 준비했다. 담양산 홍시를 비롯해서 감 말랭이와 사과, 귤, 마른 오징어가 꿀맛이다. 잠시 쉴 사이도 없이 웃기기 시작해서 음식이 어디로 넘어가는지 모르겠다.

눈발이 날리고 강추위가 몰려오는 데도, 걱정 없다는 듯이 웃음꽃은 활활 피어오른다. 모일 때마다 닦은 실력으로 웃겨서 배꼽이 빠질까 걱정스럽다. 온종일 얼마나 재미있을는지 은근히 기대된다.

남편 봉고차를 징발했다며 운전대를 잡은 여인은 여유만만하다. 마음도 넓고 커서인지 베푸는 일마다 통이 크다. 눈이 많이 내린다는 예보가 짜증스러운데, 아랑곳하지 않고 액셀을 밟아대며 웬만한 남자는 저리 비키란다. 조수역할을 하는 여인은 착한 심성이 몸에 배었다. 양가 노부모님들을 정성껏 모신다는 소문대로, 어른신들 자랑과 걱정에 여념이 없다. 정년퇴임한 여선생님은 시낭송 전문가처럼 멋지게 읊어댄 후, 봉사활동에서 겪은 경험담으로 분위기를 북돋운다.

여류 시인은 간간이 자작시를 읊으며 감정을 북돋우더니, 자기 집 옥상에 만들어 놓았다는 정원 자랑에 침이 마른다. 막내 사무총장은 일을 도맡아서인지 걱정스런 기색이 역력하다. CD 음악이 나오니 언제 그랬냐는듯이 예쁘게도 따라 부른다. 흥이 나는지 흐르는 가락에 따라 모두들 손뼉을 친다.

폭설과 혹한을 예보한지라 위험부담이 크지만 그냥 밀고 나가자는 바람에 무사히 목적지에 이른다. 갈매기들이 나래를 펼치며 수평선 위에 그림을 그려간다. 저마다 '꾸억~꾸억~'소리 지르며 공중비행을 뽐내는데 마음이 온통 그들에게로 달린다. "하~하~하~" 크고도 길게 웃어댄다.

"야, 참 멋지네! 저 파도 위에 배들 좀 봐.", "갈매기들 좀 봐. 너무나 멋있어. 한 폭의 그림이네.", "고개 짓을 하고 춤을 추는군."

앞 다투어 스마트 폰으로 바다 풍경을 담는다. 눈보라는 계속 뿜어대는데 추위와 귀향길 안전에 걱정도 안 되는지 일곱 살 소녀들처럼 깔깔댄다.

짭짤한 바다 냄새를 더 맛보고 싶은지 깔끔한 식당들을 모두 지나친다. 망망대해에 떠 있는 올망졸망한 섬들이 한눈에 보이는 허술한 집에 자리를 잡는다. 광어와 도미와 전복과 소라 그리고, 낙지와 주꾸미와 멍게와 해삼 등 많이도 준비했다. 연방 입에 넣으면서도 다시금 웃기려는지 이죽거리기 시작한다.

옆자리에 다른 팀은 여럿이 긴 상을 늘어놓고 푸짐하게 차려먹는다. 왁자지껄 야단들인데 남자라곤 아무리 눈 씻고 보아도 눈에 띄질 않는다. 내 몸값은 점점 더 올라간다. 다른 한 패가 또 들이닥치니 나를 두고 앞 다투어 놀려댄다.

"갈수록 오빠 주가가 치솟네요. 정말 좋으시겠어요. 하하하."

"아냐, 저기도 남자가 하나 있어."

"드디어 경쟁 상대가 나타났어요. 이걸 어쩌나, 호호호."

"아니야. 오빠는 새파란 청년이니까 괜찮아. 저쪽은 배가 불룩 나오고 머리가 온통 하얘서 쉰 냄새가 팍팍 나네, 원! 어디다 대고 비교를 해, 히히히."

양옆에서 손을 잡고 어깨를 기대는 시늉을 하는 여인들이, 늘 외아들이라며 외로워하는 나를 배려하나보다. 친누이들처럼 예쁘다.

싱싱한 해물을 실컷 먹고 커피숍에서의 대화는 멋지게 흐른다. 자식자랑, 남편자랑, 음식솜씨, 시 쓰고 읊기, 웃음관련 강의 경험 등을 이야기해가며 허허댄다. 박수소리와 함께 노래시합의 열기도 뜨겁게 달아오른다.

'아이 좋아라, 아이 좋아라…, 내 나이가 어때서…, 꽃잎사랑…, 내 고향 남쪽바다…, 오 쏠레미오… '

노래에 섞여진 웃음소리는 여전하다. 누군가 소리를 지른다. "웃다가 죽자!" 그래, 보약 같다는 웃음, 웃고 또 웃어보자!

어울림

몸의 크기나 생긴 모양에 따라 옷을 맞추어 입으면 잘 어울린다. 걸맞지 않은 색깔이나 모양의 모자를 쓰거나 신발을 신으면 아무리 고급스럽더라도 어색하다. 엉뚱한 것끼리 억지로 맞추거나 꾸미면 꼴불견이다. 공작새가 예쁘게 날개를 펴는데 오리가 뒤뚱거리면 우습게 보인다. 화려하게 핀 장미 덩굴에 호박꽃이 섞인다면 어울리지 않을 거다. 고풍스러운 한옥의 거실에 여자의 나체사진으로 장식하면 이상하다.

멋지게 지은 양옥집 대문을 사립문으로 세워 놓는다면 웃음거리가 될 거다. 얼굴이 곱거나 고학력자가 하는 말이 거칠고, 경박스런 행동을 하면 고개를 돌린다. 예쁜 외모에 방정맞은 짓을 하면 실망한다.

잘 어울려야 평화가 온다. 어울린다는 말은 '한데 섞이어 잘 조화되다.' 라는 뜻이 담겨있다. 당면한 상황을 잘 파악해서 대화의 타이밍을 맞추어야 한다. 분위기에 맞는 유머를 하면 더욱 주목받는다.

나도 잘 어울렸으면 좋겠는데 그렇질 못하다. 별스럽지 않은 일로 서운해 하고, 억울한 마음이 치밀어 어찌할 줄 몰라 한다. 잠이 안 와서

뜬 눈으로 새울 때도 있다. 곰곰이 따져보면 결국 내 탓임에 놀란다. 처신을 잘못해서 발생한 일인데 상대를 탓해서 무슨 소용이 있겠는가. 관계가 어그러져서 자책하는 나에게 이렇게 응원한다.

"자네는 그동안 잘 살았어. 지금도 여러 사람들과 잘 어울리지 않는가. 너무 움츠려 들지 말고 힘내!"

심심산골 벽지학교로 교감 발령이 나서 부푼 마음에 들떴다. 그저 교장의 지시대로 따르면 되겠다고 마음먹고 부임 해보니 실상은 그게 아니었다. 윗분을 잘 모시고 직원들과 어울려가며 지내겠다고 생각했는데 뜻하지 않은 일이 기다리고 있었다. 모시게 된 교장이 무슨 연유인지는 몰라도 몹시 수척해 보인다. 말투가 어눌하고 가끔 이치에 닿지 않는 말씀을 해서 심히 걱정된다.

"학교 일은 동생(교감인 나보고 그렇게 부름)에게 다 맡길 테니 알아서 하셔. 나는 조용히 쉬어야 하겠어."

애송이 교감이어서 여러 방면에 서툰 터라 걱정인데, 엎친 데 겹친 격이니 앞이 캄캄하다. 하도 막막해서 선배의 자문을 구하려 하는 참인데, 평소 존경하던 인근학교장이 일부러 찾아와서 하는 말에 귀가 번쩍 뜨인다.

"본래 교장과 교감은 잘 어울릴 수 없는 관계라네. 자만하지 말고 잘 섬기게. 그런 마음으로 일하면 직원과 학부모들과도 잘 어울릴 수 있게 될 걸세."

교직생활을 하면서 어려움에 처할 때마다 이 말씀에 따라 마음을 가다듬곤 했다.

다른 생각이 들기도 한다. 아무리 그렇더라도 도저히 어울릴 수 없으면 밀어 내야한다. 어울리는 일도 중요하지만 비위만 맞추려 들어서는 안 된다. 남만 보고 살다가는 나는 어디에 있는지 모를게 아닌가. 주어진 대로, 마음 내키는 대로, 소신껏, 당당하게 살 일이다.

이쪽에 어울리지 못하면 저쪽으로 가면 되고, 그래도 안 되면 돌아가면 그만이다. 짧은 인생, 1분 1초가 아까운데 싫은 사람과 어울리려고 낭비해서야 되겠는가. 뉘우치고 어울리려고 노력한다 해도 그렇지 못할 때가 많다.

마음이 큰 사람은 가진 아이디어를 즐기며 쏟아내고, 소인배는 남의 말을 잘 한다고 한다. 수시로 마음이 변하는 사람은 가까이 가지 말아야 한다. 감정을 다스리지 못하고 신경질 부리는 사람도 마찬가지다. 피해 의식을 가지고 있으면 억지로라도 남의 공감을 얻어내려고 애쓴다. 일에만 집중하는 사람은 인간미가 없으니 멀리해야 한다. 시기와 질투하는 사람과 대하다 보면 불행만 찾아든다.

나쁜 짓을 하는 사람을 보면 고개가 돌려진다. 저 잘났다고 허세를 부리는데 어떻게 어울릴 수 있는가. 그 늪에 빠지면 우울해지고 주변만 맴돌게 된다. 남을 조종하려는 자는 상대방이 선호하는 것을 파악해서 교묘하게 이용하려든다.

어떤 사람을 만나느냐에 따라 자신의 삶이 좌우된다. 어울려야 하는 사람과 그래서는 안 되는 사람을 구별하는 눈이 필요하다. 도움 줄 사람과 피해 끼칠 사람을 잘 찾아내야 한다. 나쁜 관계는 과감히 탈피하여야 불행을 겪지 않는다. 내 인생은 나 스스로 방향을 잡아야 값지게 살 수 있다.

그렇다고 어울리는 일을 소홀히 해서는 안 된다. 행복과 불행이 인간관계에서 비롯되기 때문이다. 상대가 밉다하더라도 나를 돌아보는 인내가 필요하다. 일방통행은 없는 법이다. 내가 좋아하면 상대도 좋아하고 미워하면 그도 미워한다. 즐거운 사람은 즐거워하는 자와 웃고, 괴로워하는 자는 괴로워하는 자와 울게 된다. 어떤 사람을 사귀느냐를 보면 그의 인격을 판단할 수 있다.

혼자서 끙끙거리지 말고 함께 어울리며 껄껄거려보자. 꽃들은 햇빛을 받아서 피고 새들도 바람에 섞여 노래한다. 음악이 정박자로 흐르면 멋스럽고, 엇박자로 가면 엉망진창이 되어 버린다.

부딪치며 불행할 것인가, 어울리며 행복할 것인가.

5부

믿으면 맑아지리

지구촌 곳곳에서 각양각색으로 천국의 기쁨을 누리는 이들이 많다.
'아, 천국 샘플!'. 참으로 아름다운 말이다.
생각만 해도 달디 단 맛이고 향기 그윽한 냄새다.

샘플

아내가 대형 매장에 가자고 하면 선뜻 따라나서고 싶질 않다. 이곳저곳을 다니면서 물건을 고르는 시간이 무척 지루하고 따분해서 짜증이 날 정도다. 지친 듯 싶으면 시식 코너로 이끈다. 썩 내키지는 않지만 갖가지 먹 거리를 맛볼 수 있어 다소 위안은 된다. 호객하는 직원들의 성화에 못이기는 척하고 따라가면 골고루 맛 볼 수 있다. 노릇노릇하게 구운 갈비 살점은 사르르 녹는다. 소시지와 부침개와 과일을 입에 넣다 보면 한결 기분이 좋다. 적은 양이지만 오물오물 먹는 재미가 쏠쏠하다.

그 맛에 빠져 이리저리 돌아다니다보면 혼자 떨어져서 헤매기도 한다. 호된 꾸중(?)을 듣지만 또 다시 그런다. 마침내 이것저것 샘플로 내어 놓은 물건들을 듬뿍 사들고 나서게 된다. 주섬주섬 요기했으니 지루했던 나들이가 그런대로 본전은 되는 듯싶다. 홍보용 샘플은 과잉 구매를 부추기지만 필요한 물건을 사전에 점검할 수 있는 이점이 있다.

교회에서 청년부장을 맡아 달라는 부탁을 받고는 호기심이 생겼지만 걱정스러웠다.

"이 나이에 내가 무슨?"

고민 끝에 주위 사람들의 권유도 있어서 참여해오고 있다. 활기찬 젊은이들과 생활을 하다 보니 늘그막에 나 혼자만 누리는 기쁨인 것 같다. 토요일마다 집회를 하고 수련회에 참가하거나 봉사활동을 하다 보면 이런 생각이 든다.

'내 몸에도 젊은 피가 흐른다. 나는 저들 말대로 멋스런 어른일까?'

청년들을 가까이서 대하는 기회가 많아지니 좋기도 하지만 한편으로는 걱정이다.

'혹시 노인네 냄새가 나서 불편해 하지나 않나?'

아내 화장대에는 구입 욕구를 돋우는 샘플향수가 있다. 원만하게 지내려면 필요해서 사용하다보니 바닥이 날까봐 눈치 보인다.

가끔 호텔에서 묵을 때가 있다. 냉장고를 열면 작은 술과 음료수의 샘플이 들어 있어 골고루 맛본다. 실제 상품과는 다른 것 같지만 속성은 같다. 동식물도 비슷할 것이다. DNA가 같은 씨앗이 길러져 그 특성을 갖춘 열매를 맺는다. 새로 자란 사과나무에도 사과가 열리고 얼룩소는 자기 닮은 송아지를 낳는다. 사람도 자식은 부모의 특성을 갖고 태어나고 그런 성질을 지닌 자식으로 이어간다. 그러니까 낳은 자와 낳아진 자는 근본적으로 같은 형질을 보유한다고 할 수 있다.

천국도 마찬가지일까? 이 세상에 실제로 천국이 존재한다면 어떻게 생겼을는지 궁금하다. 아마 평화롭고 아름다울 것이다. 누구나 그런 곳에서 살기를 소원한다. 이 땅에서 값있는 일을 하면서 행복하게 산다면 바로 샘플천국의 기쁨을 누리는 것이라고 할 수 있다. 이런 예가 있다. 태어날 때부터 왜소증(矮小症) 환자였다. 신체 각 부분이 제 기능을 다하지 못해 사소한 일조차 할 수 없어 어려움을 겪는다. 그런 몸으로 남을 돕고 싶은 마음에 봉사단체를 기웃거린다. 어느 공동체에 참여하게 된다. 회원들은 나약한 그를 배려해 준다며 제반 활동에서 제외시켰다. 아무런 역할도 주지 않으니까 따돌림을 당한 꼴이 되어버린 것이다. 견디다 못해 내가 소속된 단체로 옮겨 온 후로는 즐겁게 참여한다. 신체적 조건에 맞는 일을 부여받아 소속감을 갖게 되어서다.

결혼을 하려는데 장애인과의 만나는 것을 온 가족이 극구 반대했다. 그럼에도 불구하고 남편의 극진한 사랑으로 마침내 짝을 이루고 아들을 낳아 행복하게 살았다. 이게 어쩐 일인가? 남편이 갑작스런 사고로 모자만 남겨놓고 세상을 떠난다. 결국 시댁에서 쫓겨 나와 갖은 고생을 다 하게 되었다.

얼마 안 되어 장애우 여인도 세상을 떠나게 된다. 장례식에는 일가친척은 물론이고 아무도 참석하지도 않고, 소속된 공동체 사람들만 모여서 제반 일들을 도왔다. 마지막 순간에 여동생 손을 잡고 환하게 웃으면서 이런 말을 남겼다.

"동생! 나는 이제껏 사람들에게 업신여김을 당하며 살아 왔어. 특별히 이곳에서는 나를 인정해 주고 극진히 사랑해 주었지. 그러니까 샘플천국의 기쁨을 미리 누릴 수 있었던 거야. 동생도 노력해 봐. 틀림없이 나 같이 될 거야."

장애인이라고 배려해 준답시고 제외시킨 사람들과는 대조적이다.

기꺼이 받아들이고 감싸주며 배려해 준다는 것이 그런 결과를 가져왔다. 불편한 몸으로 힘겹게 살면서도 이웃사랑의 본을 보여 줄 수 있었다. 천국의 기쁨을 미리 맛본 것이다. 그래서 이승과 저승은 연결되었다고 말하는가 보다.

실제로 샘플천국 맛을 보는 사람들이 많다. 전 재산을 털어 불우시설에 기부한다. 후진국 사람을 돕기 위해 사랑하는 가족들과 이별한다. 재난 당한 먼 나라까지 달려가 목숨을 걸고 구조 활동을 벌인다. 온갖 역경을 무릅쓰며 험한 오지에서 고군분투하는 모습이 거룩하다. 각양각색으로 기쁨을 누리는 사람들이 부럽다. 아, '천국 샘플!', 생각만 해도 달디 달고, 향기 그윽하다.

간절히 드리는 기도

요즈음 가슴시린 일들을 자주 대하게 된다. 정신수양원에서 위문 공연을 하고 귀가하는 중이다. 색소폰 연주를 담당한 친구와 현장에서 있었던 이야기를 주고받는다.

"젊은이들이 참으로 안쓰럽네. 어쩌다 저렇게 갇히게 되었나, 가족들이 얼마나 보고 싶을까"

"군데군데 눈에 띄는 노인들이 측은해 보이더군. 그 몸으로는 집에서 견뎌내기도 힘들 텐데….

환자복 차림의 젊은 여인이 엄동설한에 참새 새끼처럼 쪼그려 앉아 있다가 내게로 다가온다. 갑자기 걸음을 멈추더니 넋 빠진 사람처럼 허공을 바라본다. 양다리 사이에 고개를 떨어뜨리고 있는 중년 남자도 그런다. 오만상을 찌푸리며 눈을 치뜨는 것을 보니 무섭기도 하다.

허공을 향해 손을 저으며 중얼거리는 이는 무슨 사연이 있나. 턱수염이 아무렇게나 엉켜있고 부엉이 눈을 한 할아버지는 어떤 생각을 하고 있을까? 허리가 활처럼 꼬부라진 할머니는 왜 땅바닥만 쳐다보며 끙끙대는지. 가슴이 먹먹하고 뱃속이 울렁거린다.

연주가 시작되니 하나 둘 손뼉을 치며 따라 부른다. '과수원길' 과 '고향의 봄' 합주에가 이어진다. 내가 '안동 역에서' 를 아코디언으로 독주를 하니 일어서서 덩실덩실 춤을 춘다. 앳띤 여자가 걸어 나와 날아갈 듯 민속춤을 춘다. 귀티 나는 남자가 시샘이 나는지 뛰어나와 합세한다. 양손을 허리에 대고 구성지게 뽑아대니 예서제서 소리를 지른다.

"앙코르! 앙코르!,"

"휙~ 휙~" 휘파람 소리까지 섞어 어우러진다.

한 달 전에는 깊은 산골짜기에 위치한 요양병원을 방문했었다. 연주할 곡을 점검하는데 갑자기 많은 환자들이 휠체어를 타고 몰려왔다. 한 사람 한 사람 얼굴을 바라보자니 서글픔이 밀려왔다.

공연이 시작되고 사회자는 애써가며 동참을 유도했다. 박수는 그만두고 웃는 사람마저 없다. 연주를 끝내고 잠시 틈을 타서 주위를 돌아다니며, 등을 두드리고 어깨를 주물러줘도 반응이 없다.

마치고 엘리베이터에 오르면서 담당 복지사에게 한마디 했더니 생각지도 못한 답변이 나왔다.

"이제 여기는 다시 오지 말아야겠어요. 열심히 연습해서 정성껏 연주했는데도 모두 무표정하니 원!"

"선생님! 너무 그러지 마세요. 저 분들이 편찮으시고 힘이 없으셔서 그래요. 표현을 못하지만 머리로 듣고 가슴으로 느껴요. 이렇게 왔다 가시면 이삼일 동안은 한결 기분 좋아져요. 힘들어 하는 분들을 생각하셔서 또 찾아 주세요. 네?"

그만 고개를 돌리고 말았다.

다른 정신요양원도 비슷하다. 처음에는 버럭버럭 소리를 지르는 노인과, 아무데나 펄펄 뛰어다니는 청년 때문에 긴장된다. 여자가 무대에 올라와 신나게 노래를 부르니까, "와! 와!" 함성을 지르면서 한꺼번에 몰려나와 덩실덩실 춤을 춘다.

마이크 쟁탈전이 벌어지고 댄스시합(?)까지 벌어진다. 분위기가 무르익어가니 하늘을 향해 두 손을 벌리고 껄껄거린다.

이리저리 뛰어 다니다가 소리를 지르고 땅을 치며 엉엉 울기도 한다. 기억자로 구부러진 할아버지는 '눈물 젖은 두만강' 을 구성지게 부른다. 침대차에서 누운 할머니는 '여자의 일생' 과 '목포의 눈물' 로 맺힌 한을 풀어내려 한다. 배꼽을 잡고 웃다가 덩달아 울기도 한다.

인간은 누구든지 아프게 마련이고 그러다가 죽는다. 거스를 수 없는 법칙일진데 비켜 갈 방법이 있겠는가.'인생은 고통이다.', '고통이 없는 삶은 인생이 아니다' 새삼스럽게 중얼거려진다. 시시각각으로 몰려오는 시련에 굴복하지 말고, 슬기롭게 대처해 가는 길을 찾아야 한다.

애처로운 저들이 버거운 짐을 훌훌 벗어던져버리고, 사랑하는 가족들 품에 돌아가기를 간절히 기도한다.

마음 밭에 쓰는 일기

- 사랑 받아 기쁜 날(1)

남학생들이 앞치마를 두르고 식사 준비를 한다. 잡곡밥에 된장국과 제육볶음을 차려 놓고서는 나를 가운데에 앉힌다. 앞 다투며 이것저것 맛보라며 먹여준다. 한밤중에 드리는 예배는 열기가 가득하다. 두 손을 들고 몸을 흔들며 큰 소리로 찬양한다. 설교 내용을 주제로 하여 파트별로 의견을 나누는데, 저마다 진지하면서도 논리적이다. 마칠 무렵 회장이 나를 중심으로 회원들을 둥그렇게 둘러싸게 하더니 이런다.

"우리 부장님, 오래오래 건강하시도록, 또 우리를 많이 사랑해 달라고, 합심해서 기도합시다."

밤이 늦었는데도 오락회는 그칠 줄 모른다. 활기찬 저들은 말 그대로 불타는 청춘이다. 노래와 댄스와 개그까지 진행되며 분위기는 고조된다. 장단에 맞추어 박수를 치면서 따라하고 있는데 누군가 뒤에서 살그머니 싸안는다.

"피곤하시지요? 저희들은 조금 더 놀 테니 이제 그만 주무세요."

둘이서 내 양팔을 잡고 침대에 이불을 깔아 주고는 어깨와 다리를 주무른다.

이튿날 아침에 또 찾아와서 너스레를 떤다.

"부장님! 안녕히 주무셨어요?"

"야! 부장님이 뭐냐. 형님이지."

"그냥 형님이 아니고, 왕 형님이란 말이야."

밖에서 바라보던 여학생들이 "오라버니, 오라방" 하며 합창을 하니, 남자들도 덩달아 시시덕거린다.

잠시 비가 그친 틈을 타서 녹음 짙은 산길을 오른다. 직장에 다니는 청년이 하는 말이 대견스럽다. 컴퓨터 관련 업체에 종사하고 있다면서 선교사 사명을 감당하려고 공부를 하고 있단다. 뒤 따라오던 학생은 입학 후 3년 간 자기 힘으로 학비를 조달한다니 기특하다. 졸업 후 취업 걱정을 하면서도 노력하면 잘될 거라며 자신 있는 태도다.

저녁나절 바비큐 파티도 즐겁다. 두개의 화덕에 쉴 사이 없이 구워 대는데도 순식간에 없어진다. 고기를 뒤적이는 여학생이 땀을 철철 흘리면서 재빠르게 손을 놀린다. 홍얼거리며 접시를 나르는 사내아이는 신바람이 나는 모양이다. 커다란 손으로 싱싱한 상추로 고기를 싸서 번갈아가며 내 입에 넣어준다. 인생에 최고의 호강을 한다는 마음이 든다.

오후에 '신은 죽었다.'라는 영화를 감상한 후 활발하게 토론한다. 신을 부정하던 사람들이 어려움을 당하거나 생을 마감하게 되면, 간절하게 신을 찾는 장면이 감동적이라며 입을 모은다.

둘째 날 나눔의 시간이다. 돌아가며 발표를 하는데 눈물바다를 이룬다.

"잘 나가던 가정이 몰락해서 식구들이 흩어져서 방황할 때는 죽고 싶었어요."

"부모님께 불효한 것이 돌아가시니까 너무나 후회가 됩니다."

"잘 생긴 남자에 첫눈에 반했는데 뜻하지 않게 헤어지게 되니 슬퍼요."

"예쁜 여학생을 졸졸 따라다니다가 어렵게 사랑고백에 성공했는데, 부모님 반대가 심해서 분통이 터져요."

"지난주에 할머니가 돌아가셨는데 자꾸만 꿈에 나타나요. 얼마나 안타까운지 모르겠어요.…."

말을 미처 다 마치지 못하고 울음을 터뜨릴 때마다 서로가 다독여주며 위로해 준다. 설교 내용과 실제 상황들과 관련지어 토론하며, 자신과 이웃을 사랑하며 살 것을 다짐한다. 젊은이들답게 순수하고 패기만만하다.

2박 3일 일정을 마치고 버스로 향하는데, 잘생긴 젊은이가 도랑 쪽으로 팔을 잡아당긴다. 폭우 때문에 수영금지령을 내리는 바람에 한 번도 물을 적시지 못했다며 냇물 속으로 잡아끈다. 나란히 앉아 발을 담그고 세차게 몰아치는 물소리에 뒤질세라 소리를 질러본다.

"아, 지리산 뱀사골! 시원~하다. 야~호! 야~호!"

양손에 신발을 든 채 젖은 발로 아스팔트 위를 걷는데, 다칠까 염려된다면서 나를 들쳐 업는다. 힘에 부치는 듯 하여 내려달라 해도 두 팔을 더욱 옥죈다. 업은 사람은 여유로운데 내 마음은 왜 이리 흔들리는

지….

그동안 여러 사람들로부터 많은 도움을 받아왔는데, 이번 일정 동안에도 분에 넘치는 복을 누렸다. 나는 과연 무엇을, 얼마나 주며 살았는가? 정년퇴임식 때 친구가 축사하던 마지막 구절이 생생하다.

"친구야! 모아 놓은 돈 있거들랑 나누어 주며 살자. 그렇지 못하거든 남의 신세나 지지 말고…."

잠들기 전, 기도하려는데 청년들 얼굴이 하나하나 떠오른다. 나에게 베풀어 준 사랑이야기들을 마음 밭의 일기장에 또박또박 적어 놓아야겠다.

최상의 복을 누린 여정

- 사랑 받아 기쁜 날(2)

버스에 오르니 시끌벅적 야단들이다. 엊저녁에는 짐을 싸며 들뜬 마음으로 콧노래까지 불러댔지만 실은 얼마 전부터 망설였다. 이 나이에 몸도 성치 못한데 짐이 될 것 같아서다. 아내는 풋풋한 청년들과 함께 지내면 기가 살아 날거라며 은근히 권유한다. 그래도 걱정은 여전하다.

'이 몸으로 3일이나 무더위는 어떻게 견디고, 여럿이 한방에서 잠을 잘 수 있어?'

밴드에 수련회 준비를 독려하는 글이 올라왔다. 힘들 것 같아 포기하려는데 젊은 교우가 자기 차에 태워주겠다는 바람에 마음을 고쳐먹는다.

'그래 가자, 명색이 청년부장인데 저녁이라도 사줘야지.'

둘이서 정담을 나누며 달린다. 주변이 온통 초록색으로 칠해져 싱그럽다. 어느덧 무창포 해변의 아름다운 풍광이 눈앞에 와 닿는다. 여장을 풀고 예배장소로 향한다. 사박사박 금모래가 발가락을 간질거린다.

이튿날 해수욕장으로 향하는데 여학생이 팔짱을 끼며 어리광핀다.

"오빠! 저랑 같이 걸어요."

몇 발작을 내딛더니 스스럼없이 하는 말이 당황하게 만든다.

"오빠, 저와 남친(남자 친구)해요."

마주하는 눈길이 예쁜데 하는 말도 귀엽다.

청년부장으로 임명 받던 날 나이가 나이인지라 쑥스러웠다. 자연스럽게 대해보려고 '오빠, 형님' 이라고 불러달라며 너스레를 떨었더니 이러는 것이다. 처음에는 어색했는데 자꾸 불러주니 꽤나 기분 좋다.

바다까지는 아직도 멀다. 힘겨워 보였는지 남학생이 달려들어 팔뚝을 낀다.

"야! 저리 비켜! 너보다 나를 더 좋아 하신다. 그렇지요 형님?"

따라오던 여자 아이들이 손가락을 볼에 비비며 시샘을 한다.

"아니다, 나를 더 좋아한다. 그렇지요 오라방! 약 오르지 용용",

깔깔거리는 모습들이 귀엽다. 검은 구름은 수평선 위를 올라타고 옛이야기로 두런댄다. 사내들의 넓은 가슴에 기대어 주절대는 파도소리를 듣는다. 청아하게 다가오는 맑은 공기를 흠뻑 마셔본다. 바람은 심통 부리는지 온몸을 휘감는다. 이 기분을 어떻게 표현할지 모르겠다.

앞서가는 사내 녀석들의 장단지가 뱀이 똬리를 틀은 듯 울퉁불퉁하다. 30대에 실했던 나의 육체를 보고 어른들이 한숨 섞어 하던 말이 떠오른다.

"나도 시퍼런 나이에는 저렇게 긴장했었는데…."

이런 소리가 자꾸만 귀에 걸리는 것은 세월의 빠름 때문인가, 덧없이 보태지는 나이를 향한 푸념일까.

젊음의 꿈이 아무리 크다 해도 어찌 저 넓은 바다에 비길 수 있으랴. 세상을 창조하신 분은 아무 말씀이 없으신데 나는 왜 저들을 부러워만 하는가. 잠시 생각에 잠기다 보니 내 영혼을 다스릴 이는 오직 한 분뿐이라는 사실을 깨닫게 된다.

하얀 백사장을 밟으면서 이곳을 디뎌간 사람들을 꼽아본다. 그들이 이루어 가는 삶의 모습이 얼마나 다른지 헤아려본다. 밀려오는 파도에 발을 적시면서 인간에게 주어진 시간이 얼마나 되는지도 따져본다. 아무리 그래도 좀처럼 깨닫지 못하는 것은, 나의 믿음이 아직은 왜소하기 때문이리라.

젊음에 대항이라도 하듯 웃통을 벗어젖히고, "야호!" 소리 지르며 백사장을 달린다.

"야, 나는 바다의 사나이다. 필승의 용사, 영원한 해병이다. 앗싸!"

날씨가 흐려서인지 물속에 들어가니 으스스하다. 함성을 지르며 손짓을 하니까 하나 둘 따라 들어온다. 깊이 잠수를 하니 짭짤한 기운이 눈언저리를 꼬집는다. 물고기들이 물길을 가르고 달려와 내 몸을 슬금슬금 만져댄다. 수영 실력을 자랑하고 싶어 자유형, 평영, 배영, 접영으로 번갈아 물살을 가른다. 잠수 맛을 즐기려고 더 깊이 들어가 보니, 탁한 해류가 삭막한 내 영혼을 정결하게 하려는지 얼굴에 짠물을 끼얹는다.

땀을 흘리면서도 재깔재깔 고기 굽는 소리가, 연기를 따라 모락모락 피어오른다. 달맞이꽃 무리를 휘감는데 내 눈도 그 뒤를 따라간다. 꽃들도 하늘하늘 몸짓하며 고개를 흔드니 끼어들고 싶은 심정이다. 그래도 가슴이 허허해지는 것은 활기찬 청춘이 부러워서일 거다.

그림 같은 경관 속에서 청춘들의 넘치는 열정을 만끽하자니 더욱 배가 불러온다. 인생의 참 맛이 바로 이런 거로구나! 꿈인지 생시인지 구별이 안 된다. 내가 대접할 저녁식사는 해물 식단이다. 높은 가격이 아니어서 취향에 맞지 않을 것 같아 걱정이다. 부족할 텐데도 맛스럽게 먹어주니 마음이 놓인다.

전봇대에 대롱대롱 매달린 전등은 온종일 뙤약볕에 지쳤는지 꾸벅꾸벅 졸고 있다. 예배시간이 되어 성전으로 발길을 옮긴다. 두 손 모으고 눈을 감으려는데 누군가 등을 두드린다. 뒤돌아보니 자기의 앞날을 위해서 기도해 달라며 환하게 웃는다.

말씀이 선포된다.

"겸손과 온유, 오래 참음, 사랑과 용서를 엮은 밧줄로 성령이 하나되게 하신 것을 힘써 행하라, 행복한 가정을 준비하는 일은 청년들에게 가장 중요한 일이다. 결혼을 위해서 열심히 기도하라, 남편이나 아내를 사랑하는 일이 곧 나를 사랑하는 거다."

밤늦게까지 기도가 이어진다. 두 손 들고 온몸을 흔들며 부르짖는데 따라 나도 끼어든다. 삶을 나누는 시간에는 진로 때문에 걱정하는 이들을 어떻게 위로해야 할지 모르겠다. 생각 끝에 이렇게 인도해 준다.

"하나님은 우리에게 많은 능력을 주셨는데도 조금 밖에 못쓰고 죽는다고 합니다. 내 몸 어디에 재능이 담겨 있는지 찾아봅시다. 힘과 지혜와 용기를 부어 달라고 기도합시다."

집으로 향하는 길, 청년들의 얼굴들이 차창너머로 달려온다. 정성껏 예배드리고 온 맘 다해 기도하는 표정들이 진지하다. 나를 편하게 해 주려고 여러모로 애를 쓰는 저들이 고맙다. 대할 때마다 포근하게 껴안아 주던 청년은 가슴을 뜨겁게 데워준다. 빵으로는 시원치 않을 거라며 따스한 누룽지를 끓여다주던 여자 아이도 살갑다. 같은 방에 묵었던 청춘들의 마음이 폭신폭신하다. 번갈아 마사지를 해주며 챙겨주던 애정의 손길들이 따스하다. 불참했더라면 큰일 날 뻔했다. 인생 황혼에 맞는 최상의 복을 내버릴 뻔했으니까.

저녁 식사시간, 하는 말들이 이번 여정을 통해 더욱 가까워지고 있음을 실감케 한다.

"형님! 다음에는 더 맛있는 생선회를 많이 사 주셔야 해요."

"오빠! 맞아요. 저랑 백사장 거닐 때 손가락을 걸었잖아요."

인생에서 가장 멋지게 살아가야할 꽃다운 청춘이다. 마음껏 즐길 수 있도록 정성껏 보살펴 주어야겠다. 멋스런 20대 청춘들과 함께 한 여정! 최상의 복을 듬뿍 누린 시간들이었다.

울창한 숲속에 푹 파묻힌 이 기분

- 사랑 받아 기쁜 날(3)

주말마다 젊은이들과 예배를 드리니 즐겁다. 앞 다투며 나를 꼭 껴안아 주는 품이 크고도 넓다.

"안녕하세요."

악수를 청하는 여자들의 애교가 귀엽고,

"부장님이 되시더니 더욱 젊어지셨어요."

목사님 말씀도 감사하다.

친구들과 한참 즐길 주말에 달려 온 저들이 기특하다. 진심어린 기도와 힘찬 찬양을 함께 올리는 모습이 예쁘다. 진실 된 삶을 향하라는 설교에 집중하는 자세도 믿음직스럽다. 삼각 김밥 두개로 저녁 식사를 마친다. 밤늦도록 전개되는 성경 공부에 거는 기대가 큰 지 공부방으로 향하는 발걸음이 가볍다.

방학이 돌아오면 대 여섯 명을 한 그룹으로 이룬 목장에서 나와 일정을 잡는다. 번갈아 만나서 식사를 하고 토론한다. 전원에게 한두 번 식사를 대접하는 것도 좋지만, 몇몇이 가까이서 대담을 나누니 더욱 정겹다. 부담이 될까봐 그러는지 값싼 음식만 시킨다. 누에가 뽕잎을 먹어치우듯 순식간에 그릇을 비우는 모습들이 사랑스럽다.

대화가 시작된다. 건장한 젊은이는 어려서부터 아버지와 동생과 함께 남자 셋이서만 살아 왔단다. 군 생활을 마친 후 고민 끝에 신학공부를 하기로 마음먹고, 스물일곱 늦은 나이에 1학년에 입학을 했다고 한다. 이어지는 말이 안쓰럽다.

"기도하는 중에 어려운 사람들을 도우라는 말씀을 주셨어요. 가정형편이 어려워 아르바이트 한 걸로 입학금을 냈는데 2학기 등록금이 걱정이네요."

평소에 늘 얼굴 표정이 어둡던 학생이 합세를 한다. 내심 염려했는데 의외로 유머가 풍부하다. 현대 문명 이기의 폐해를 하나하나 다부지게 지적한다. 대책을 강구해야 한다며 열변을 토하는 모습이 심각하다. 먼 곳에서 유학 온 여학생은 유아원에 취업을 했는데 건강이 나쁜 원아를 위해 기도해달란다. 대학교 후문에서 신학기 학생들을 대상으로 전도하던 청년은 교제하는 것이 유익하단다. 대학원 학비 때문에 피아노 교습을 하는 소그룹리더는 작은 체구지만 앞날이 기대된다며 당찬 표정이다.

어려움을 스스럼없이 토로하는 분위기에 쌓여 나름대로 조언을 해준다.

"우리들이 살아 갈수 있는 환경과 물질을 주신 것에 감사합시다. 저마다 살아가는데 필요한 달란트를 주셨습니다. 그것이 무엇인지 올바르게 파악하고 단련해서 자신과 이웃을 위해 사용해야 합니다. 어려움은 누구든지, 어느 때든지 닥쳐오게 마련이지요. 고통에 굴하지 말고 기도하면 극복할 수 있으니 낙심하지 맙시다."

진지한 태도로 들어주는 모습이 사랑스럽다.

"어두운데 가시는 길 조심하셔요. 내일 교회에서 또 뵐게요."

"찌리릭, 찌리릭"

집에 거의 도착할 즈음 휴대폰이 울려 열어보니 웃음이 절로 나온다.

"매우 유익하고 즐거운 시간이었어요. 맛있는 것 사주시며 좋은 말씀해 주시니 좋았어요. 안녕히 주무세요."

이런 글도 올라온다.

"하신 말씀을 통해 많이 배웠어요. 앞으로도 더 많이 가르쳐주세요. 감사합니다. 사랑합니다. 오빠!"

나도 청춘인 양 착각을 하게 된다. 50년 차이의 나이인데도 스스럼없이 어울릴 수 있으니 얼마나 좋으냐. 울창한 청년뜰 숲속에 푹 파묻히니 온세상을 다 얻은 것 같다. 싱싱한 젊음의 기를 마음껏 받은 는 이 기분, 나 말고 또 누가 맛볼 수 있으랴.

영광과 타락

한용운은 이렇게 노래했다. '아아 ~ 님은 갔지만, 나는 님을 보내지 않았습니다.' 유치환은 '소리 없는 아우성' 이란 시를 썼고, 사이먼 가펑클은 'the sound of silence(침묵의 소리)' 라는 노래를 즐겨 불렀다. 우리들의 일상에서도 꽃동네에는 꽃이 없고, 대장간에 망치가 없다는 등, 강조하고 싶은 것을 특이한 어법으로 표현한다.

솔로몬 왕 또한 자기의 일생을 '영광스런 타락' 으로 표현했다. 찬란한 전성기와 나락으로 떨어진 생애는 많은 것을 생각하게 한다. 동서고금을 통하여 특별하게 영광의 나날을 보낸 인물이다. 번득이는 지혜를 가진 그를 만나기 위해 각종 예물을 들고 몰려들었다. 수백 개의 방패와 보좌와 팔걸이와 각종 기물들을, 온통 금으로 씌울 정도로 부유함을 누렸다.

대국을 통치하기 위한 막강한 군사력을 갖추고 왕권체제를 구축했다. 경제적으로 아무 걱정이 없었다. 탁월한 두뇌로 이스라엘 역사상 전무후무한 강대국을 만들었다. 찬란한 공적을 쌓아 당대 최고의 영화를 누렸으니 누가 봐도 영광스런 삶이다.

나라를 안정시키기 위해서 주변 국가들의 공주들과 정략적인 결혼을 한다. 칠백 명의 후궁과 삼백 명의 첩을 거느릴 정도로 왕실을 튼튼히 한다. 그야말로 화려한 삶이요, 빛나는 인생이다.

영화로운 왕이 된 후에는 나락으로 떨어지게 된다. 이방 여인들을 사랑한다는 미명 아래 잘못을 저지르고 우상을 섬기는 죄를 범한다. 이루 말할 수 없이 많은 죄악을 저지름으로써, 자신은 물론, 후대에 이르기까지 비참한 지경이 이르게 하여 패망하게 만든다. 드디어 치욕적인 몰락의 길로 생을 마감하게 된 것이다. 그 순간, 인생이 허무함을 피를 토하듯 쏟아낸다.

"인생은 헛되고 헛되며, 헛되고 헛되나니, 모든 것이 헛되도다."

정상에 오른 후에는 까딱 잘못하면 큰 잘못을 저지르게 된다는 것을 염두에 두지 않았다. 큰일을 이룬 후에는 나쁜 일이 생긴다는 이치를 등한시했다. 누구든지 성공을 원하지만 설혹 달성했다 해도 끝까지 지키기란 쉽지 않다. 참된 영광이 무엇인가를 터득해야만 지속할 수 있는 법이다.

귀한 것을 손에 넣었다 하더라도 슬기롭게 활용하려는 자세를 가져야 한다. 마음껏 누리다가 일순간에 나락으로 떨어지는 군상들을 수없이 본다. 이럴 때마다 '영광과 타락' 이라는 구절을 되 뇌이게 된다.

대중의 박수갈채를 받던 연예인이 순간의 성추행으로 평생을 쌓아온 명예를 한꺼번에 날려버린다. 존경받던 원로학자가 논문표절로 손가락질 받는다. 세계적인 대기업 총수가 치사할 정도로 갑질을 해서 중소기업과 소상공인들의 원성을 산다. 거대한 권력을 거머쥔 정치인들의 거짓 언행이 국민들의 분노를 사게 한다.

이와는 대조적으로 어려움 속에서도 아름다운 일들을 해내는 이들이 많다. 식모살이로 근근이 모은 돈으로 불우아동을 돕는다. 가난한 농부의 아들이 사법고시에 합격하여, 어려운 사람들 편에 서서 무료 변론을 맡는다.

시간과 금전에 쪼들리는 대학생들이 봉사활동에 여념이 없다. 학업과 아르바이트로 짬짬이 틈을 내서 오지마을에서 땀을 흘린다. 어렵사리 의사가 되었지만 동남아와 아프리카 등지로 달려간다. 헐벗고 굶주리는 오섬지 마을 사람들을 위해 헌신하려는 것이다.

인간은 본래 선함과 악함을 동시에 지니고 태어난다고 한다. 그중에서 악을 잘 다스릴 수 있어야 값진 인생을 영위할 수 있다고 한다. 악성이 발동하면 귀중하다는 것은 모두 다 거머쥐려 한다. 아무리 그래도 목적을 달성하기란 보통 힘든 일이 아니다. 설혹 가졌더라도 그것을 끝까지 지킨다는 것은 더 더욱 어렵다. 탐욕을 부리면 무슨 소용이 있는가. 모든 것은 돌고 도는데…. 지식과 재화와 명예와 권력 앞에는 타락의 늪이 도사리고 있다. 언제, 어떻게 절벽으로 떨어져 버릴지 아무도 모른다.

원하는 것들을 각고의 노력 끝에 거머쥐지만, 세상 끝나는 날에는 티끌만큼도 가져가지 못한다. 아는지 모르는지 손에 잔뜩 움켜지려고 몸부림친다. 가진 것을 빼앗길 가봐 조마조마하며 사는 것이 오늘날 우리들의 모습이다.

나 또한 예외가 아닐 것이다. 어쩌다 시험 한 번 잘 보았다고, 논 몇 마지기 더 장만했다고, 동료보다 한 단계 승진했다고, 얼마나 으쓱거렸을까? 부끄럽기 짝이 없다. 움켜쥔 손을 쫙 펴서 풀어주는 여유를 가져야 하는데….

아까운 인생! 헛되이 살아서야 되겠는가. '영광과 타락' 깊이 새겨야 한다.

유혹이 몰려 올 때

새벽에 학교 운동장을 돌다가 미끄럼틀 근처에서 예쁜 무늬의 장난감공을 하나 주웠다. 손자 줄 욕심으로 얼른 주머니에 넣고 나니 찜찜하다.

'내가 이러면 되나? 잃어버린 아이가 애타게 찾을 텐데.'

도로 제자리에 갖다 놓으려니 금방 마음이 바뀐다.

'까짓 걸 가지고 뭘 그래. 잊어버린 줄도 모를 텐데….'

눈길을 끌기 위해 영화관 앞에 붙여놓은 여자의 반나체 사진이 눈길을 잡아당긴다.

'이 나이에 무슨 주책!'

주위를 살피며 겸연쩍어 하면서도 힐끔힐끔 쳐다보게 된다. 지하철역 에스컬레이터 계단을 오르는데 앞 사람 낙타색깔 모양의 점퍼가 멋져 보인다. 반짝이는 반질반질한 구두가 하도 고급스럽게 보여서 '나도…' 하며 입맛을 다신다.

전후좌우 눈에 띄는 것들 때문에 탐욕이 꿈틀 거린다. 이제 먹을 것, 입을 것, 누울 것들을 크게 걱정하지 않아도 된다. 나름대로 하고 싶은 일을 이루었다고 자부하면서도, 갈수록 더 탐하려하니 속물임에 틀림 없나보다.

"과연 이것이 어디 나만의 추태일까?" 항변(?)을 해 본다.

"아니다, 나라도 정신을 차리자." 마음을 바꾸기도 한다.

원하던 것을 성취한 사람도 더 가지려고 발버둥 치고, 높은 지위에 오른 사람도 정상에 이르지 못해서 안달들이다. 남들을 쓰러뜨리며 죽자 살자 기어오르지만 허사가 되고 만다. 하나 둘이 아니다. 진실을 표현해서 대중의 마음을 이끈다는 문학가도 그 꼴이다. 메마른 영혼들을 달래 주어야 할 종교 지도자들마저도 마찬가지다. 욕망의 늪에 빠져 허우적거리는 모습들이 밉다기보다 불쌍하게 보인다.

'스스로 서 있는 줄로 생각하는 사람은 넘어질까 조심하라.' 했다. 유혹은 힘든 일이 한 고비를 지났을 때, 이제는 잘 풀려간 다고 생각될 때 집적거린다. 목표한 일을 잘 해냈다고 칭찬과 격려를 받을 때도 마찬가지다.

요즈음 윤리가 땅에 떨어졌다며 하나같이 개탄한다. 하늘 같이 믿었던 배우자가 탈선함으로써 고통을 겪고, 재산 때문에 부모와 자식 간의 신뢰가 무너진다. 자신을 위해 온몸을 던진 부모에게 폭행을 저지르고, 부모가 자식을 해치는 사태까지 벌어진다. 제자가 스승에게 불경스러운 짓을 하고 스승이 제자에게 추한 행동을 보여준다. 모두가 유혹을 뿌리치지 못하는데서 기인된 것이다.

유혹을 과감하게 뿌리치고 힘차게 일어섰다는 기사가 오르내리니 다행이다. 성경에 등장하는 요셉은 그 본보기다. 갖은 고난 끝에 애급으로 팔려간다. 나락에 떨어진 자신을 구해준 보디발의 아내가 집요하게 유혹하는데도 결단코 뿌리친다. 시시때때로 마의 손길이 뻗쳐왔는데도 과감하게 물리친다.

"내가 어찌하여 큰 죄를 저지르오리까."

옷을 벗어던지고 탈출하여 위기를 모면하는 장면은 감동을 준다.

어떤 노인은 자녀들이 권하는 고가의 안경과 보청기를 뿌리쳤다고 한다. 험한 세상을 아예 보지도 말고, 듣지도 말며, 말하지도 않겠다는 의도였다는 것이다. 유혹의 물결이 때를 가리지 않고 몰려오는 세상에 경종을 울린다.

좋은 것을 먹고 싶어 군침이 돌거나 화려한 옷들이 눈앞에 보여 입고 싶을 때 조심해야 한다. 혼자서만 있을 때나 깜깜할 때에는 범죄의 유령이 나타날 수 있다. 한 번 빠지면 어찌할 방법이 없다. 혼신을 다하여 평생 동안 이룬 것을 한꺼번에 날려버리고 패가망신으로 이어짐을 명심해야 한다.

아무리 절실하게 필요해도 하늘이 허락할 경우에만 손을 내밀어야 한다. 하찮은 것일지라도 내 것이 아닌 건 넘보면 안 된다. 유혹은 도둑처럼, 유령처럼 다가온다. 아기의 장난감 공이 자꾸만 눈에 어른거린다. 곧바로 제자리에 갖다 놓길 잘했다. 조심하고 또 조심하자, 유혹이 다가오기 전에….

두려워 말라

예약된 강의를 중지한다는 통보가 왔다. 다른 두 곳에서 실시 예정인 약속은 내가 먼저 취소했다. 봉사를 위해 연습하는 밴드 모임에서도 중단하잔다. 매일 같이 즐겨 찾는 수영장이 문을 닫았다. 동네 복지관이 출입을 금지하고 지하철 역 주변 청소봉사활동도 무기한 연기다. 중동 호흡기 질병 증후군(메르스) 때문이다.

방송과 신문들은 앞 다투어 야단들이다. 나라가 온통 겁에 질린 듯 뒤숭숭하다. 국내에서 손꼽히는 수준급의 병원 의료진이 다수 감염되었다니 어이없다. 사망자와 확진환자와 격리 대상자가 빠르게 증가하는 추세라니 두렵다.

정부의 초등 대처가 미흡해서 일어난 일이라며 언론의 질타가 이어진다. 지자체장들은 나서서 진두지휘 하고 시민들은 우왕좌왕하며 갈피를 못 잡는다. 환자와 접촉한 사실을 숨기고 홍콩에 입국한 한국인을 격리 치료 중이란다. 전염시켰다는 이유로 우리 정부를 상대로 보상을 청구한단다. 홍콩당국의 지시에 따르지 않은 한국인을 두고, 국민의식이 문제라며 비웃는다는 보도가 연일 이어진단다.

아침에 일어나니 목이 아프고 간헐적으로 기침이 나온다. 지하철을 타니 마스크를 쓴 이들이 저마다 겁에 질린 듯한 얼굴이다. 표정들이 각양각색이어서 살짝 웃음이 터져 나오는 것을 억지로 닫아버리느라 애를 먹었다. 병원에 들렀더니 목이 붓고 가래가 생겼다는 진단이다. 다행이 열이 없으니 염려하지는 말라고 해서 다소 마음이 놓인다. 며칠 간 약을 복용했지만 좀처럼 호전되질 않아서, '혹시 나도?' 하는 생각에 은근히 걱정이다. '두려워 말라!' 는 말씀을 연거푸 되뇌어 보지만 조바심은 좀처럼 사그라지질 않는다.

지쳐서 생긴 병인 것 같으니 영양 주사를 맞으란다. 3시간여를 병상에 누워있자니 지루하고 팔이 저리다. 간호사가 수시로 드나들고 주사 줄을 조절하며 보살펴준다. 건장한 체구여서 곧 회복될 테니 걱정하지 말라며 안심시키려든다. 전염될까봐 가까이 오지 말라는 권유에도 마스크를 벗어버린 채 간호에 열심이다. 팔이 저리면 안 된다면서 나긋나긋 주무른다. 아무 거리낌이 없는 듯이 대해주어 고맙지만, 한편으론 그에게 옮겨질까 염려스럽다. 극구 사양해도 계속한다. 오히려 여러 환자들을 상대하는 자기 몸에 잠복한 병균이 나에게 옮길까봐 걱정한다.

92세 노모가 요양병원에서 죽음의 공포 때문에 잠을 못 이루신다며 걱정이다. 6남매의 막내로 귀엽게 자랐는데 아무 것도 도와줄 수 없다며 목이 멘다. 고마운 마음과 진심어린 효성에 감동되어 원장과 직원들에게 점심식사를 대접했다. 혹시라도 꺼림직 해 할까봐 다른 상에 따로 앉았더니 양팔을 잡아끌고 중앙에 앉힌다. 아무래도 전염될 것 같아 간격을 두려하니까 원장이 이런다.

"감기 가지고 뭘 불안해하세요. 저희들은 젊으니까 괜찮아요. 가까이 오세요."

맛있는 음식을 예약해 달라고 부탁했는데, 설렁탕 한 그릇씩만 주문하고도 즐겁게 먹는다. 후식용 방울토마토 한 상자를 들려주었더니 모두가 감사하단다.

정년퇴임 후 7년 여 간 대학 강단에 섰다. 한 학기가 끝나게 되면 그 동안 수고해 준 직원들에게 점심을 대접해 주었다. 식사를 준비하는 동안 조교가 하던 말이 생각난다.

"요양병원에서 지내는 친정어머니 몰골이 하도 흉해서 안타까워요. 가끔 무서운 생각도 들어요."

자주 들를 수 없어서 아예 자기 집에서 더 먼 곳으로 옮겼다며 하는 말이 가관이다.

"이제는 만나러가기가 엄두가 나질 않아요. 혼자 지내는 훈련을 시켜야겠어요. 그래서 지금은 아예 전화도 하지 않아요."

"에끼, 그러면 되나!"

호통을 쳤지만 남의 일 같질 않다.

이웃에 사는 동갑네가 한 숨 섞어 가며 이런 말을 한다.

"다 소용 없네. 자식 걱정들 이젠 그만하고 우리끼리 자주 만나서 맛있는 거 먹고 재미있게 놀아 보세. 가고 싶은 곳 다 가보며 마음껏 즐기세. 얼마 안가면 너도 우리도 고려장(요양병원)에 갇히기 될 건데 뭘. 그 속에서 나날을 힘겹게 살 거야. 고생고생하며 살아 왔는데 또다시 힘들게 살면 되겠나?"

얼마 전 요양병원에 음악 봉사를 다녀 올 때 이런 일이 있었다. 연주를 마치고 오는 길에 운전기사에게 질문을 하니 의외의 대답을 했다.

"시설도 좋고 환경도 쾌적하며 의료진이 좋다지요? 부모님도 여기에 모실 거죠."

"아니, 절대로 안돼요. 너무 외로워서 힘들어 해요. 중병을 앓는 어른들이 죽음의 공포 속에 어쩔 줄 몰라 할 때는 차마 눈뜨고 바라 볼 수 없어요."

내가 감기 때문에 걱정을 했더니 앞에 앉은 83세 어르신이 이런다.

"그려~ 나이가 들면 이곳저곳 아픈 데가 자꾸 생겨서 약봉지만 늘어가지. 막상 세상을 떠난다는 생각을 하면 너무나 무서워. 그래서 슬프지 뭐."

늙으면 삶 자체가 힘들고 벅차다. 질병과 경제문제 등 나날이 걱정스런 일만 닥친다. 세상을 떠나게 된다는 생각을 떠올리면 불안과 공포가 봇물처럼 밀려온다.

성경에는 '두려워 말라'는 말이 365 번이나 나온다고 한다. 이 구절을 매일 같이 새기며 살아가라는 뜻이다. 삶 자체가 어렵고 죽는 다는 것 또한 고통스럽다. 좌절하지 말고 더욱 굳세게 살아가자고 다짐한다. 걱정만 할 게 아니라 당당하게 대처하자. 짧은 인생인데 매일 같이 밀려오는 두려움 때문에 전전긍긍해서야 되겠는가.

"두려워 말라!" 험난한 세상을 살아가야 할 우리에게 큰 힘을 주는 말씀이다.

버려야 산다

머지않아 새 아파트로 이사를 가게 되니 싱숭생숭하다. 집안 정리를 하려니 별의별 잡동사니들이 다 쏟아져 나온다. 쓰다 남은 몽당연필을 비롯해서 이 빠진 칼, 이리저리 테이프를 붙인 돼지저금통, 배달된 책의 겉봉투들이 나뒹군다. 수북이 꽂힌 낡은 월간지와 신문지, 책을 엮느라 초안을 잡았던 종이뭉치가 어지럽다,

아무렇게나 쌓아둔 아코디언 악보와 낡은 수영용 안경이 방바닥에 널브러졌다. 꽃바구니는 구멍이 숭숭 뚫린 채 구석에 웅크리고 앉아 있다. 둥근 파나마모자와 해병대 팔각모자가 줄맞춰 걸려 있다. 낡은 개떡 모자는 벽에 혼자 매달려 꾸벅꾸벅 졸고 있다. 마시지도 못하는 한산 소곡주를 비롯해서, 독한 중국술과 고급 양주는 아직도 제 자랑에 여념이 없나보다.

모조리 내다버리라며 성화를 대는 아내의 구박(?)이 점점 심해진다. 나 몰래 쓰레기통에 넣어 버리거나 아예 보이지 않는 곳에 치우기도 한다. 몽땅 치우려고 단단히 벼르던 참에 훌훌 털어버리니 한결 가뿐하다. 이제는 다른 사람이 손댈까봐 염려할 필요가 없고 듣기 싫은

잔소리도 듣지 않게 되었다.

남들이 색다른 것을 지녔다 싶으면 못 가져 안달했다. 떼돈을 벌어 보려고 주식과 부동산 투기를 하다가 몽땅 날려버린 일도 있다. 천여 평이나 되는 밭농사를 짓느라고 별별 고생을 다 겪었다. 43년 동안 학생들을 가르쳤는데도 여기저기서 강의 요청이 오면 사양하지 않고 찾아다닌다. 이런 나를 두고 친구는 이렇게 충고를 한다.

"자네는 참으로 유별난 사람이야. 인생을 정말로 치열하게 살고 있어.", "너무 그러지 마. 이제 나이를 생각해야지."

귀에 담아야 하는 건데 아직도 그 끈을 놓지 못하고 있다. 글을 쓰고 읽는 일에 열중하다 보니 눈이 나빠지고, 악기 연주에 열중하다보니 허리가 약해졌다. 힘이 부치는 농사 일로 어깨와 무릎이 아프다.

도를 넘는 욕망은 되레 나를 궁핍하게 만든다는 것을 알면서도 그런다. 지금도 여전히 성취욕과 명예욕으로 초조와 불안으로 정신적 고통을 겪는다. 고쳐보려 애를 써도 뜻대로 되질 않는다. 얼마나 부질없는 일인가. 미처 챙기지 못했음을 뒤늦게나마 깨닫는 것 같지만 아직도 멀기만 하다. 자초한 일이니 겪는 어려움은 당연지사인데도 푸념을 한다. '왜 나만 이런 걱정을 해야 하는가.' 인간의 공통된 본성인가, 아니면 나만의 잘못된 습성인가?

'모든 악독과 기만과 외식과 시기와 비방하는 일을 버리라.' 했다. 악성은 본 마음에서 비롯된 것이다. 개인이나 불특정다수에게 폭력을 저지르면 분노가 쌓여 범죄로 이어진다. 시작된다 싶으면 아예 싹 뚝 잘라버려야 한다.

일부 상인들은 자기 것만 최고라며 소비자들을 현혹시킨다. '먹는 것에 장난을 치면 천벌을 받는다.' 는 말이 무색할 정도라 마음 놓을 수가 없다. 건강은 뒷전이고 보기에만 좋고 짭짤하며 달콤하게 입맛만 맞추려 든다. 돈에만 혈안이 되어 만든 모조품들이 개인을 해치고 국가위상을 떨어뜨리고 있으니 개탄스럽다.

거짓말 잘하는 자칭 지식인들의 언행이 저질스럽다. 개그맨들이 자기들 설 땅이 없어졌다며 파업에 돌입했다는 웃지 못 할 이야기가 떠돈다. 명문대 학생들이 커닝을 하고 지도급 인사들의 표절시비가 한두 건이 아니다. 인기인들이 학력을 조작하고 교수들마저 제자들의 논문을 훔치는 일은 어제 오늘의 일만이 아니다. 좋게만 보이려고 가장해서 자타는 물론이고 제삼자들에게까지 피해를 입힌다.

죄의 본성이 표출되면 쉽사리 통제하지 못한다. 단맛에 길들여지면 밥맛을 잃어 건강을 해친다. 한 번 죄악에 빠지게 되면 쉽사리 벗어날 수 없다. 다른 이들까지 괴롭히다가 죽음에까지 이르게 된다. 누구든 마음에 박힌 악성을 떼어 버리기는 쉽지 않다. 깊이 뉘우치고 벗어나기를 간절히 소원해야 한다.

갓난아기가 생존을 위해 엄마 젖을 찾듯이 전심을 다해야 한다. 모든 힘을 다하여 내재한 악성들을 버리려고 노력하면 해방될 수 있다. 목마른 사슴이 시냇물을 찾듯이 말이다. 시시각각 죄란 것이 나타날 때마다 구원을 청해야 평안하게 살 수 있다.

몇 번이나 혼쭐이 나고서도 내치지 못하고, 폐해를 알면서 바른 길로 가지 못한다. 천식 때문에 고생하다면서도 담배를 끊지 못하고 사경에 이른 후에야 한탄한다. 음주로 인해 극단적인 죄를 저질러 감옥살이를 하고서도 그 중독에서 벗어나지 못한다.

욕심은 죄를 낳기도 하지만 대인관계도 그르친다. 내려놓으려 해도 여간해서 바뀌지 않는다. 습관화 된 버릇이 굳어 버려서다. 굴레에서 벗어나려고 몸부림을 쳐야 한다. 이것이 바로 오늘을 평안하게 살 수 있는 길이고, 미래에 영생을 이룰 수 있는 유일한 방법이다. 시시각각으로 나쁜 마음이 다가 올 때마다 말끔히 씻어내야 한다. 과감하게 털어 버리자! 그래야 살 수 있다.

눈물

눈물을 흘리는 이유는 여러 가지다. 하늘 아래 혼자뿐인 것 같은 외로움이 몰려오면 텀벙텀벙 떨어뜨린다. 절벽같이 막혔던 문제가 예상 외로 풀리게 되면 뚝뚝 떨어뜨린다. 가슴 떨리게 기다리던 사람을 극적으로 만나게 되면 펑펑 쏟는다. 사랑하는 연인과 가슴 아픈 이별을 하게 되면 목 놓아 울어댄다. 내 몸 같은 가족을 잃게 되면 따라 죽기라도 할 것처럼 땅을 치며 통곡한다.

눈물에 인색한 경우도 있다. 좀처럼 속내를 드러내지 않고 먹은 마음을 꼭꼭 담아둔다. 참고 또 참아가며 목구멍으로 넘긴다. 우리 어른들은 눈물을 함부로 흘려서는 안 된다며 엄격하게 제한했다.

"사내대장부가 정말로 울어야 할 때 눈물을 흘려야지, 그렇게 징징거려서야 어디에 쓴단 말이냐."
"여자가 눈물이 헤프면 집안이 망한다."

수긍할 수 없다. 울고 싶으면 참지 말고 실컷 울어야 한다. 격한 마음을 다스릴 수 있고 문제의 본질을 바르게 바라볼 수 있어서다. 가슴 아리도록 서러울 때 실컷 울면 속이 시원하다. 슬픔을 이겨내는 눈물은 인생을 좀 더 원숙하게 만든다.

값진 눈물은 가슴 아파하는 이들과 함께 흘려주는 것이다. '우산을 씌워주려고 하지 말고 함께 비를 맞아주라.' 했다. 괴로워하는 이웃을 다독이는 일은 절망을 희망으로 바꾸어 주는 최고의 선물이다. 슬퍼하는 이의 손을 따뜻하게 잡아 주면 그 온기가 심장에 전달되어 위로가 된다. 눈물은 어둠의 늪에서 과감하게 뛰쳐나올 수 있는 힘을 가져다준다.

요즈음에 이런 장면들을 대하면서 깊은 감동을 받는다. 지난 주말에 고아를 지원해 주는 행사에 참가했다. 옆자리의 대학생과 식사를 하면서 장래 희망을 물으니 요리를 전공한단다. 그럴듯한 식당을 경영해서 굶주리는 이들을 배부르게 먹이고 싶다며 환하게 웃는다.

"훗날 돈을 많이 모으면 그동안 도움을 받아 온 것보다, 몇 십 배, 몇 백 배 더 갚아주고 싶어요."

두 아기가 앞서거니 뒤서거니 아장아장 걸어온다. 돌보는 여교사가 양쪽 팔로 싸안는다. 귀여워 어쩔 줄 모르겠다는 듯이 번갈아가며 머리를 쓰다듬는 모습이 친 엄마 같다. 옆에서 들려주는 원장이 목이 메며 하는 말에 마음이 흔들린다.

"가난한 가정에서 자라던 어린 자매가 가정 파탄으로 가출했답니다. 불량배들에게 잘못 걸려들어 성폭행을 당해서 둘 다 아이를 낳게 되었습니다. 길가에 버려졌는데 직원들이 데려와서 특별히 보살펴왔어요. 한동안 우울해 하며 많이 울었는데 요즈음은 밝아졌네요."

더 이상 말을 잇지 못한다.

참여자들이 지원할 금액을 기록하는 바람에 따라 하고 나니 큰일이나 해낸 듯이 가슴이 뿌듯하다. 떠벌리며 인심 쓰는 것보다 조용히 함께 해주면 값진 것임을 깨닫게 된다.

눈물 중에서 아픔을 함께 하며 흘려주는 것은 소중하다. 마른 논에 단비를 내려 주는 것보다 더 큰 위로가 된다. 바로 고통 속에서 신음하는 이의 마음을 읽어 줄 수 있는 공감 능력이다. 오늘날 사회정의가 바로서지 않고 배려의 정서가 메말라가고 있는 현실이 안타깝다.

곤궁에 처해 허덕이는 이들이 날로 늘어나고 있다는 보도가 증가한다. 그런데도 후원기관에 성금을 하는 액수가 점점 줄어든다니 걱정이다. 불우한 이웃과 함께 아파해 주며 울어 줄 수 있는 사람이 늘어났으면 좋으련만….

예레미야는 눈물의 선지자로 불린다. 이스라엘 백성들은 자신들이 저지른 수많은 죄로 인하여 어려운 일을 당했다. 재앙의 날이 점점 가까워지는데도 아랑곳하질 않았다. 막강한 군사력을 가진 주변 강국의 침략이 코앞에 닥쳐와 극심한 고통을 당할 상황에 처하게 된다. 그는 백성들에게 소리 높여 부르짖었다.

"죄 값을 받지 않으려면 진정으로 회개하라. 앞으로 당할 고난에 적극 대비하라."

눈물겹게 권유하는데도 아무도 아랑곳하질 않았다. 뉘우치기는커녕 오히려 옳지 못한 행동은 늘어만 갔다. 이런 백성들을 향해 경고를 하고 또 했다. 통한의 눈물을 흘리는 열망은 그 어느 것에도 비길 수 없고 존경스럽다.

어찌할 수 없도록 힘겨워 할 때에는 하늘에서 천사가 내려와 함께 있어준다는 말이 있다. 기쁨을 나누면 열배가 커지고, 슬퍼할 때 함께 울어주면 백배로 작아진다. 이런 천사를 닮아가는 사람들이 많아진다면 아름다운 세상이 될 거다. 세상에는 가슴 아파하는 이들이 우리를 기다리고 있다. 실컷 울 수 있도록 어깨를 내어 주고, 함께 눈물을 흘려준다면 얼마나 좋은 일인가.

보이지 않는 것에 대한 믿음

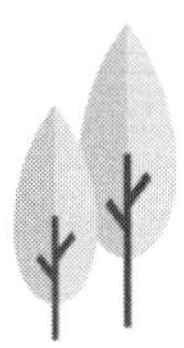

손자가 떼를 쓴다. 텔레비전을 보고 싶어서 그런다. 밥을 먹으면서 보고 싶다는 신호다. 유치원에 갈 즈음이면 또 그런다. 안 되겠다 싶으면 가방을 메고서 사탕을 달라고 조른다. 그럴수록 더욱 귀엽다.

오늘은 팔을 잡아당기면서 가당찮은 요구를 한다. 생뚱맞게도 내가 무슨 꿈을 꾸었느냐며 당장 들려달라는 것이다. 누구와 만났고, 무슨 말을 했으며, 어떻게 놀았는지 말하라고 다그친다. 거짓말 할 수도 없고 그렇다고 그냥 넘어가지 않을 기세여서 난감하다. 이럴 때 재미있는 동화 한 두개쯤 기억하고 있었으면 좋으련만….

오후 모임에서도 억지를 쓰는 사람들을 만난다. 조용하다가도 식사 시간만 되면 여지없이 등장하는 레퍼토리다. 언제나, 어디를 가나 비슷하다. '이런 나라가 나라냐' 라고 시작해서부터 정치인들을 비롯하여 지도자급 인사까지 싸잡아 나무란다.

나중에는 자리에 없는 이들의 험담에 들어간다. 있지도 않은 말을 꾸며대며 고무풍선처럼 부풀린다. 조상들 제사 지내는 자랑을 하다가, 절에 다니는 이를 몰아세우더니 마침내 나에게 화살을 돌린다.

언론에 등장한 사이비 종교에 빠진 이를 두고, 하나님을 믿는다는 목사가 그렇게 나쁜 짓을 해도 되느냐며 트집을 잡는다.

"보이지도 않는데 어떻게 믿어. 신이 존재한다면 어떻게 생겼고 어떤 행동을 했는지 설명해 봐. 예수가 십자가에 매달려 죽었다는데 어떻게 다시 살아날 수가 있어?"

억지를 쓰며 몰아댄다. 한참을 떠들더니 보이지도 않는 대상을 믿는 일은 아무 소용이 없다며 합창을 한다. 주어진 현실에서 자신만을 믿고 착하게 살면 되고 그러면 사후에 좋은 곳에 갈 수 있다며 언성을 높인다. 극단적인 말도 한다.

"왕궁을 뛰쳐나온 석가모니도 비판을 받았는데, 무릎을 꿇고 나무아비타불만 외쳐대기만 하면 극락세계에 갈 수 있어?",

"2000여 년 전에 예수가 한 일들을 어떻게 믿는단 말이야.",

"그러면서 시퍼렇게 살아서 하는 내 말은 왜 흘려버려?"

입에 거품을 문다. 앉아 듣기가 거북할 정도로 퍼붓는다. 너무 민망하고 화가 나서 대응해 보려 하지만, 종교에 대해서 논쟁하지 말라는 충고를 생각하며 꾹꾹 참는다.

민주주의는 누구에게나 종교의 자유와 언론의 자유를 부여한다. 남의 신앙에 대해 비판할 이유나 권리는 그 누구에게도 없다. 나 또한 무신론자들을 탓할 수만은 없다. 부정적인 시각을 가진 이들을 어떻게 이해시켜야 할지 모르겠다. 보이는 것도 믿지 않는 경향인데, 영원한 세계에 대해 이해시킨다는 것은 여간 어려운 일이 아니다.

어떻게 하든 설득하고 싶은 마음이다.

"한 번도 대면하지 못한 고조부 이상 조상들의 제사를 올리지 않아요? 실체는 보이지 않는데 어째서 술과 음식을 차려 놓고 절을 하는지 모르겠습니다. 자신들의 소원을 아뢰고 그것을 이루어 달라는 이유는 어디에 있어요. 세상에 발견된 것보다 알려지지 않은 것들이 훨씬 많은 법입니다. 볼 수 있는 것보다 볼 수 없는 것이 더 많고, 할 수 있는 것보다 할 수 없는 것도 많습니다."

아무리 이해시키려 해도 소용이 없다.

경서는 몇 천 년 전에 나타났던 성인들의 행적이다. 인간들을 위해 겪은 고통과 이룬 업적에 대하여 단시간에 이해시킨다는 것은 쉽지 않다. 죄를 지을 수밖에 없는 우리를 대신하여 죽음으로써 구원해 주었다는 진리를 설득시킨다. 직접 볼 수 있는 것, 들을 수 있는 것, 만져서 느낄 수 있는 것만 인정하려 한다. 그래도 포기하지 않는다.

"실제로 눈에 보인다하더라도 거짓된 것이 수두룩해요. 보이지는 않더라도 진실인 것이 훨씬 많습니다."

아무리 설명을 해도 통하지 않는다. 한 발 더 다가간다.

"스님의 설법이나 신부님의 강론과 목사님의 설교를 한 번이라도 들어보세요. 무조건 부정하고 비판하면 되겠습니까? 영혼은 보이지 않고 들을 수 없으며 만져지지도 않습니다. 그러나 실제로 존재한다는 사실은 입증된 지 오랩니다. 무조건 반대만 할 것이 아니라 성인들께서 남기고 간 교훈이 무엇인가를 알아보아야지요."

맞다. 육신과 마음과 영혼을 다듬어 갈 수 있는 성인(聖人)들의 말씀을 귀담아 들어야 한다. 그래야 영원한 나라의 소망을 이룰 수 있다. 진실 된 신앙으로 선한 일을 하면서 살아 가야할 이유가 여기에 있는 것이다. 인간은 아무리 사랑하는 가족에 둘러 싸여 있다 해도, 결국 혼자서 죽을 수밖에 없다.

세상을 떠날 때 평온함을 잃지 않고, 의연하게 받아들이는 데는 참된 신앙보다 더 큰 힘은 없다. 죽은 후의 세상에 대해 생각해 보는 것은, 현실을 살아가는 데에 진정한 의미를 부여할 수 있다. 사후에는 아름다운 나라에서 영원히 행복을 누리게 된다는 믿음을 갖게 된다면, 보이지 않는 것에 대한 의심은 사라질 것이다.

건전한 신앙을 갖도록 하게 하자. 믿음 속에서 충만하게 살면 다른 이들보다 더 오래 산다는 연구결과가 있다. 기쁨이 충만한 삶을 영위할 수 있도록 노력해야 한다. 보이지는 않지만 영원한 나라가 존재한다는 사실을 터득할 수 있도록 노력해야 한다. 이 땅에 평화로운 세상이 이루어질 테고 천국 소망도 가질 수 있으니까.

이제 손자에게 들려줄 천국이야기를 준비해야겠다.

영혼을 위한 기도

언젠가부터 이런 노래가 유행했다. 재미있기도 하지만 허허한 느낌도 든다.

"칠십세에 저 세상에서 날 데리러 오거든 할 일이 아직 남아 못 간다고 전해라. 팔십세에…아직은 쓸 만해서 못 간다고 전해라. 구십세에… 알아서 갈 테니 재촉 말라하더라. 백세에…극락왕생 할 날을 찾고 있다 전해라"

인생 막바지에서 서글픔을 털어 놓는 것 같다.

어쩌다 젊은 여성들과 매달 한 번씩 모임을 갖게 되었다. 각자 이야기 거리를 들고 와서 들려준다. 어떤이가 하던 말이 우스우면서도 씁쓸했다.

"우리 아버지는 93세예요. 평소 식사를 잘하고 크게 불편한 곳도 없어서 별 걱정 안했습니다. 어느 날 갑자기 몸이 편치 않으시다는 연락이 와서 다섯 자매가 급히 모였어요. 아버지는 감기를 앓은 후에 소화가 안 된다며 이렇게 호소했습니다.

"얘들아! 이제껏 큰 탈이 없이 잘 지내 왔는데, 기침이 심하고 열이 나서 큰일 났다. 백세시대가 온다는데 어쩐다니."

듣고 있던 막내가 말이 채 끝나기도 전에 덥석 껴안고 입을 막으면서 소리를 질렀어요. 아부지, 안 돼, 안 돼, 백 살까지 산다고? 그건 절대로 안 돼!"

배를 움켜잡고 웃었지만 금방 숙연해졌다.

인간은 원래 장수하도록 되어 있다. 성경에는 구백삼십세를 살았다는 사람을 비롯해서, 에노스와 게난과 마할렐랄과 에녹 등, 장수한 사람들이 많이 등장한다. 현대인의 수명이 현격하게 줄어든 것은 의문스럽다.

저마다 장수하기를 바라는 마음에서 온갖 노력을 다 기울여왔다. 오늘날 인간평균수명은 점진적으로 늘어나는 추세다. 앞으로 8년 후에는 평균연령이 아주 높아진다고 한다. 이에 대비라도 하려는 듯이 저마다 걷고 뛰며 헤엄을 친다. 헬스와 각종 구기 운동과 골프, 에어로빅 등 여러 분야에 몰두한다. 고공 점프까지 하면서 육체적 건강을 우선순위에 둔다.

정적인 힐링 분야도 다양하게 발전하고 있다. 요가와 감정 코칭, 레크리에이션, 웃음치료와 유머 등 여러 방법으로 마음을 다스린다. 현대인들은 저마다 험난한 광야를 걸어간다고 할 수 있다. 개인과 가정 그리고 정치적, 경제적, 사회적인 문제로, 갖가지 갈등으로 정신질환에 시달리는 사람들이 늘어만 가니까 그렇게 말할 수 있다.

'9988234'란 말이 유행된 지 오래다. 실제로 99세까지 사는 것은 그리 쉬운 일이 아니다. 설사 그렇게 산다고 해도 기뻐 할 것만은 못된다. 장수한다 해도 육체와 정신과 영혼이 허약하면 소용이 없다. 팔팔하게 사는 일은 더더욱 어렵다. 2-3일만 앓다가 죽는다는 것은 어림도 없는 소리다. 영원한 행복을 누릴 수 있다는 보장 없다.

인간은 본래 튼튼한 육체와 맑은 정신과 거룩한 영혼으로 태어났다고 한다. 본래 장수하게 되어있는데도 스스로 몸을 혹사함으로써 문제를 만든다. 탐욕 때문에 아껴가며 사용해야 할 몸이 부서지고 찢어진다. 감추고 속이려 들기 때문에 아름다움을 추구하며 살아가라는 정결한 마음도 더럽혀진다. '건강한 육체', '아름다운 삶', '영생의 길' 이런 말들이 쉽사리 허용될 리 없다.

백세까지 강건한 심신을 누리며 산다는 것은 그리 쉬운 일이 아니다. '영원한 생명' 을 추구하는 일은 더욱 그렇다. 한 번 죽으면 그만이라는 생각으로 살아가는 한 불가능하다.

세계적인 종교 학자들이 내어 놓은 연구 결과가 주목된다. 영혼의 세계가 존재한다고 답한 것이 93.7%나 된다니 놀랍다. 자신이 구원되기를 바라는 열망은 대단하다. 지구촌 가는 곳마다 사찰과 교회와 성당 등 각종 종교시설이 계속해서 세워진다. 믿음생활에 참여하는 인구가 점점 증가하고 있음은 이를 뒷받침 해준다. 영원히 행복한 나라로 가려는 노력을 기울여야 한다. 정호승 작가는 이렇게 노래한다.

'우리 같이 기도해요/ 종교가 있든 없든 상관없이/ 힘들어 하는 나를 사랑해 달라고 기도해요/ 남보다 나를 용서해 달라고 기도해요/ 내가 살 수 있게 힘들어

하는 당신이 곧 나이기에/ 오늘도 그대와 나를 위해 기도하겠습니다.'

무릎을 꿇는다.

"지금까지 살아 있음에 감사드립니다. 수없이 많이 지은 죄를 회개하오니 용서하소서. 세상 다하는 날까지 보람되게 살고 싶습니다. 뜻있게 살다가 아름다운 나라에 갈 수 있도록 인도해 주시옵소서!"

| 에필로그 |

굽이굽이 고갯길, 돌고 돌아 멀리도 달려왔다. 험한 산길을 올라가려니 허리가 아프고 무릎이 당긴다. 가파른 내리막길에 몸이 천근만근이고 마음마저 흔들린다. 어쩌자고 이렇게 바쁘게만 살아가는지 모르겠다. 얼마안가면 100세 시대가 열린다고 한다. 반가움보다는 걱정이 태산이다. 쏜살 같이 날아가는 세월을 어찌 막을 수 있겠는가. 그래서 걸어야 한다. 아직 할 일이 남아 있으니까.

생애의 여로에는 어떤 일들이 기다리고 있을까? 누가 앞에서 걸어가고 어떤 사람이 따라 올지 알 수가 없다. 질척하고 꼬불꼬불한 언덕길이 발바닥을 잡아당긴다. 황금빛 저녁노을은 어쩌라고 손짓을 하는지. 얼마 남지 않은 생애, 금쪽같이 아껴가며 살라 하나 보다.

파란만장했던 뒤안길을 돌아보고 멋스럽게 펼쳐질 미래를 내다본다. 엄마 손길 같은 봄바람에 마음이 흔들린다. 사정없이 내리쏟는 여름장마비는 가슴에 남은 찌꺼기를 말끔히 씻어낼 거다. 쨍쨍 내려 쬐는 가을 햇살은 삶을 더욱 빛나게 하려나 보다. 엄동설한 칼바람은 영혼을 맑게 해주리라. 그래! 다시 또 찾아보자. 내 마음을 흔들어 줄 사람들이 어디서, 무엇을 하고 있는지를….

아내 고희 기념으로 사랑을 고백하는 책을 만든 지 3년이 지났다. 세월이 다람쥐가 나무와 나무 사이를 건너듯 펄떡 건너 뛴 느낌이다. 내가 단거리경주 선수인지 세월이 날렵한 제비인가를 구분할 수 없다. 결혼 50주년을 맞아 수필집 제 7호 『마음이 흔들린다』를 펴내니 감개무량하다. 책에 등장하는 인물들처럼 가치 있게 살아가는 자세를 배우고 싶다. 마음을 흔들어 준 이야기들을 적어보는 시간들이 즐거웠다. 가끔 제대로 써나갈 수 없어 좌절할 때면 스스로 꾸짖기도 했다.

"나를 위해 마음을 흔들어주는 사람들이 수없이 많은데 무슨 걱정을?"

독자들께도 기쁘게 마음을 흔들어 주는 일에 동참해 주실 것을 권하고 싶다.

오늘이 있기까지 이끌어 준 오늘의 문학사 리헌석 회장님과, 함께 공부해 온 대전문예대학 학우와 삼문회원께 감사를 드린다. 분주한 가운데도 정성껏 도와주신 수필가 남궁운 박사님과 이영순 작가님이 고맙다. 고귀한 말씀을 주신 새누리 2교회 안진섭 목사님과, 나현진 학생을 비롯한 청년부원들의 응원이 큰 힘이 되었다.

마음을 흔들어 주는 이들을 찾아 나서려 한다. 뜨끈뜨끈한 감동을 줄 수 있는 수필집 제 7호가 탄생했으면 좋겠다.

2018. 10

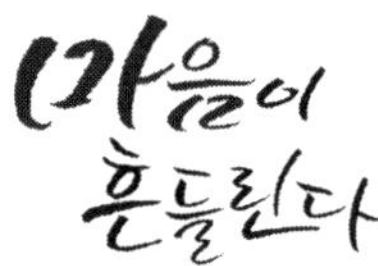

무영(無影) 김남식(金男植) 수필집 제6호

발 행 일 | 2018년 9월 10일
지 은 이 | 김남식
발 행 인 | 李憲錫
발 행 처 | 오늘의문학사
출판등록 | 제55호(1993년 6월 23일)
주 소 | 대전광역시 동구 대전로 867번길 52(한밭오피스텔 401호)
전화번호 | (042)624-2980
팩시밀리 | (042)628-2983
전자우편 | hs2980@hanmail.net
홈페이지 | cafe.daum.net/gljang(문학사랑 글짱들)

공 급 처 | 한국출판협동조합
주문전화 | (070)7119-1752
팩시밀리 | (031)944-8234~6

ISBN 978-89-5669-950-9
값 10,000원